知识就是力量

孤独症儿童
"PLAY游戏干预法"
家长指南

[美]理查德·所罗门(Richard Solomon) 著
郝燕 林玲 主译

华中科技大学出版社
http://press.hust.edu.cn
中国·武汉

Original English Language Edition Copyright © 2021 by Richard Solomon
The Chinese Translation Edition Copyright © 2025 by HUAZHONG UNIVERSITY OF SCIENCE AND TECHNOLOGY PRESS in arrangement with Richard Solomon MD, PLC.

湖北省版权局著作权合同登记 图字：17-2024-067 号

图书在版编目（CIP）数据

孤独症儿童"PLAY游戏干预法"家长指南 /（美）理查德·所罗门（Richard Solomon）著；郝燕，林玲主译. — 武汉：华中科技大学出版社，2025.7. — ISBN 978-7-5772-1364-4

Ⅰ．G766-62

中国国家版本馆 CIP 数据核字第 2025418WF9 号

孤独症儿童"PLAY 游戏干预法"家长指南　　　［美］理查德·所罗门（Richard Solomon）　著
Guduzheng Ertong PLAY Youxi Ganyufa　　　　　　　　　　　　　郝燕　林玲　主译
Jiazhang Zhinan

策划编辑：杨玉斌
责任编辑：左艳葵　　　　　　　　　　　　装帧设计：李　楠　陈　露
责任校对：刘小雨　　　　　　　　　　　　责任监印：朱　玢
出版发行：华中科技大学出版社（中国·武汉）　电　　话：（027）81321913
　　　　　武汉市东湖新技术开发区华工科技园　邮　　编：430223
录　　排：华中科技大学惠友文印中心
印　　刷：湖北金港彩印有限公司
开　　本：880 mm×1230 mm　1/32
印　　张：5.125
字　　数：106 千字
版　　次：2025 年 7 月第 1 版第 1 次印刷
定　　价：58.00 元

本书若有印装质量问题，请向出版社营销中心调换
全国免费服务热线：400-6679-118　竭诚为您服务
版权所有　侵权必究

翻译团队

主　译

郝　燕：医学博士、主任医师，华中科技大学同济医学院附属同济医院儿童保健科主任。中国康复医学会孤独症康复专委会副主任委员兼筛查诊断评估学组组长，中国妇幼保健协会自闭症防治专委会副主任委员，中国妇幼健康研究会婴幼儿心理健康专委会副主任委员，中华医学会儿科学分会发育行为学组副组长。共发表 SCI 论文 40 余篇，以共同第一作者发表论文于 Science，主持和参加国家级、省部级项目 10 项，获湖北省科学技术进步奖二等奖。

林　玲：PLAY 游戏干预法中国区发展总监，PLAY 游戏干预法顾问，美国约翰斯·霍普金斯大学布隆伯格公共卫生学院政策与领导力博士。有多年医疗管理经验，致力于推动中美医疗质量与管理合作。目前专注于 PLAY 游戏干预法在中国的推广与发展，并与华中科技大学同济医学院附属同济医院郝燕教授合作开展中国多中心研究，推动基于家庭的孤独症干预方法在中国的本土化和实践应用。

参与翻译人员

胡　琛：华中科技大学同济医学院附属同济医院
吴丹丹：扬州市妇女儿童医院
潘景雪：华中科技大学同济医学院附属同济医院
王安运：华中科技大学同济医学院附属同济医院
赵瑾珠：华中科技大学同济医学院附属同济医院

主　审

黄林娟：福建医科大学附属福州儿童医院
姚梅岭：郑州大学第三附属医院
竺智伟：浙江大学医学院附属儿童医院
李　海：南方医科大学深圳医院

译者序

近年来，孤独症谱系障碍的发病率逐年上升。2025 年美国疾病控制和预防中心发布的研究数据显示，每 31 名 8 岁儿童中就有 1 名儿童患孤独症谱系障碍。孤独症谱系障碍是孤独症、阿斯伯格综合征和非典型孤独症三种广泛性发育障碍的总称，其中孤独症最为大众所知，孤独症儿童也常被称为"来自星星的孩子"。2023 年发布的中国残疾人普查报告数据显示，中国孤独症患者已超过 1300 万人，这不仅给家庭造成了巨大的痛苦，也给社会带来了极大的经济负担。

目前，国内对孤独症的早期治疗以教育干预培训为主，少有国际上推行的有循证医学依据的自然发展行为干预方法，而自然发展行为干预方法是能有效改善孤独症儿童的社交沟通、语言障碍的重要干预方法。同时，国内对孤独症也缺乏行之有效的家庭干预。家庭干预也被证实是有循证医学依据的干预方法，且在国际上被大力推广。

本书中介绍的PLAY游戏干预法是国际上先进的以循证医学为基础，以家庭为干预基地，由专业人员指导家长实施的高效、低成本的孤独症儿童早期强化干预方法[1]。该方法由美国著名发育行为儿科学家理查德·所罗门（Richard Solomon）博士于2001年创建，获得了美国国立卫生研究院重大科研项目的支持，并被美国多个州政府作为首推的孤独症谱系障碍家庭干预方法使用。理查德博士几十年来从事孤独症谱系障碍的科研和干预工作，见证了数千名儿童从这一方法中受益。华中科技大学同济医学院附属同济医院儿童保健科与理查德博士紧密合作，我们团队成员也系统地学习了PLAY游戏干预法，并招募了孤独症家庭进行临床研究，取得了良好的效果。

在诊疗工作中，我们深刻地认识到，PLAY游戏干预法的宗旨是让孤独症谱系障碍孩子快乐地与家长们玩在一起，让他们在玩耍中提升各方面的能力，这也是当前很多干预法所推崇的理念。然而，每个孤独症谱系障碍孩子的情况不一样，而且孩子也都是在不断发展变化的，如何与孩子玩耍，让他们参与到

---

[1] 本书中的PLAY游戏干预法并不只适用于孤独症儿童，而是适用于所有孤独症谱系障碍儿童。因为孤独症谱系障碍是一类神经发育障碍性疾病，按临床表现，由典型的孤独症到非典型的广泛性发育障碍未特定型可以看作一个连续谱，这类疾病具有一些相同的核心症状，因而可以使用同样的方法进行早期干预。英文原版图书未在孤独症和孤独症谱系障碍这两个概念上做细致区分，只在个别地方使用了孤独症谱系障碍，大部分使用的是孤独症，中文译本与英文原版图书保持了一致，但需要强调的是，本书中的PLAY游戏干预法适用于所有孤独症谱系障碍儿童。

活动中来，对家长来说并不是一件容易的事情。理查德博士非常了解这一点，他创建了系统的 PLAY 游戏干预法，包括具体的原则、策略、技术、活动，以及家长实施干预的七个环节，强调家长要根据每个孩子的独特情况并使用合适的技术开展适合孩子功能发展水平的活动。当孩子各方面的能力提升时，家长要及时调整干预计划，在更高的功能发展水平上与孩子游戏和互动，帮助孩子不断取得进步，使他们能真正回归家庭、学校和社会。众所周知，孤独症谱系障碍孩子数量庞大，而其干预通常又需要长期进行，仅仅依靠专业人员是远远不够的，PLAY 游戏干预法以家庭为干预基地，以家长为干预主力，由专业人员指导家长进行科学干预，能有效地解决这一问题，切实帮助到广大的孤独症谱系障碍家庭。于是，我们产生了将理查德博士的图书翻译出版的想法，在征得理查德博士同意后，我们迅速启动了图书的翻译出版工作，因而有了您手上的这本书。

一直以来，国内在孤独症的干预上更多采用的是应用行为分析方法，这是一种通过强化来教授技能和正确行为的方法。相比于这一方法，PLAY 游戏干预法有巨大的优势：开始干预时间更早，主要针对 6 岁以下儿童，甚至包括婴幼儿；需要的训练时间更短，每周训练 15 ~ 20 小时就能取得较好的干预效果；由家长直接实施干预，可以快速缓解家长的焦虑情绪。据我们观察，很多家长在使用这一方法对孩子进行 1 个月左右的干预后就能取得一定的效果。一方面，家长的焦虑情绪得到了明显缓解，变得自信和快乐起来；另一方面，孩子能在游戏中快速获得观察能力和思考能力。当孩子能通过自己的观察来处理人际关系以及生活中的其他事情，并学会举一反三，主动适应环境的变化时，他们就会越来越接近正常孩子。

作为临床一线的医务工作者，我和我的同事们深深理解孤独症谱系障碍孩子及其家庭在生活中面临着正常家庭难以想象的困难和挑战，每一次小小的进步，都需要付出很多的努力与坚持。我们相信 PLAY 游戏干预法能为这些孩子和家庭带来改变，希望更多孤独症谱系障碍孩子的家庭能了解、学习这一方法，帮助孩子提升各方面能力，让他们更快地融入家庭、学校和社会！

郝燕

医学博士，主任医师，博士生导师

华中科技大学同济医学院附属同济医院儿童保健科主任

中国康复医学会孤独症康复专业委员会副主任委员

兼筛查诊断评估学组组长

中华医学会儿科学分会发育行为学组副组长

2024 年 9 月

前言

热烈欢迎大家了解孤独症早期强化干预方法——PLAY 游戏干预法。我们使用火车作为此方法的标识,因为我们知道你的孩子正处于成长的轨道上。我们邀请你搭乘这列火车,与我们一起发掘孩子的潜能。

作为这列火车的列车长,我要对所有孤独症孩子的家长说的最重要的一句话就是,接受你的孩子在成长轨道上的真实水平,与孩子待在一起,参与孩子喜欢的活动,并按照孩子的方式一起享受这趟旅程。

我知道我所要求的事并不容易做到。你需要暂时放弃你的想法和期望,但请你不要放弃希望。通过参与孩子喜欢的活动,你能够帮助孩子发挥内在的潜能。有些孩子发展得比较慢,有些孩子发展得比较快,还有一些孩子的发展速度处于中等水平,但所有孩子始终都在沿着成长轨道前进。

你的孩子很快就会喜欢上你的陪伴,愿意与你玩闹嬉戏,并一起玩一些感觉游戏。而且,如果你坚持不懈地陪孩子玩游戏,孩子将会通过各种游戏来理解日常活动,并开始掌握一些词语,随后会开始玩假想游戏并理解更多的词语。你的孩子正朝向自己的目的地前进，这是建立社会联系的基本基础，即共享注意、保持参与，并以有来有往的方式与他人互动。

在日常生活中，如果你能够每天为孩子提供大约 2 小时（每次 15 到 20 分钟）的参与式干预，你的孩子就会取得进步，就会开口说话，还会拥有更强的社交能力。如果你的孩子有一定的潜能，他可能会变得有想象力，拥有更复杂的情感，并且，随着年龄的增长，他在家庭、学校中与同龄人相处以及生活的其他方面都会越来越成功。可以说，孩子能发展他的潜能。

我们的 PLAY 游戏干预法是基于科学的研究而设计的，但更重要的是，它还是基于成千上万的家长和孩子的经历而设计的，这些家长和孩子使用了 PLAY 游戏干预法的原则、策略、技术和活动，并取得了进步。因而，我建议家长来学习这个干预方法。根据我近 30 年来观察孤独症孩子取得进步的经验，我可以说，你的孩子拥有巨大的潜能。孩子的大脑会发生变化，随着他与人和社会现实的联系越来越紧密，他的大脑会建立新的连接。这种情况，我已经见证过很多次了。

我鼓励你相信你自己和你的孩子。如果你愿意，你也可以参与 PLAY 游戏干预法，这将对你的孩子的发展产生真正长远的影响。我们可爱的孩子会乐于沿着成长的轨道前进，到达他们的目的地——发挥他们内在的潜能。

欢迎加入我们，开启 PLAY 游戏干预法的旅程！

理查德·所罗门

请登上火车：如何使用本书

如果你的孩子近期被诊断为孤独症，或者你担心你的孩子发出了孤独症的"危险信号"，而你正在寻求相关指导和信息，那么 PLAY 游戏干预法可以为你提供帮助。

PLAY 游戏干预法顾问（PLAY Project consultant，PPC）

通过家庭、诊室/办公室或视频会议进行访视，训练有素且获得资格认证的 PLAY 游戏干预法顾问[1]会为你提供 15 分钟的视频和书面反馈，帮助你学习如何以一种有助于孩子发展的方式参与孩子的活动，进而提高他们的社交互动能力和其他各项能力。重要的是，你的 PLAY 游戏干预法顾问会在你实施 PLAY 游戏干预法的每一个环节为你提供帮助，并在每次访视后重新评估和调整你的孩子的 PLAY 游戏干预法计划和活动。

---

[1] 如果你没有参与 PLAY 游戏干预法，并且没有 PLAY 游戏干预法顾问，你可以参考后文"如果我没有 PLAY 游戏干预法顾问怎么办？"这一小节的内容。——原文注

孤独症孩子希望世界保持原样，他们的重复行为和孤立倾向往往剥夺了他们充分发挥自己潜能的机会。如果孤独症孩子的家长在 PLAY 游戏干预法中学会了如何发掘孩子的潜能，那么许多孩子就能获得必要的语言和社交技能，从而在社会中发挥重要作用。

PLAY 游戏干预法的七个环节

最重要的是，PLAY 游戏干预法能帮助孤独症孩子改变他们的喜好——从沉浸在他们自己的世界里，转变为喜欢和别人待在一起。你的 PLAY 游戏干预法顾问会指导你和你的孩子的其他带养人（祖父母、保姆甚至哥哥姐姐）学会如何全天实施 PLAY 游戏干预法的七个环节，其中包括 PLAY 游戏干预法的原则、策略、技术和活动。

> **PLAY 游戏干预法将帮助你**
> **与孩子建立一种更加稳固和相互支持的亲子关系**

研究

PLAY 游戏干预法是一种有循证依据的早期强化干预方法，适用于任何有社交沟通和人际关系问题的儿童，特别是孤独症儿童。

PLAY 游戏干预法的目标

正如理查德博士在前言中所说的，我们使用火车作为 PLAY

游戏干预法的标识，因为我们知道你的孩子正处于成长的轨道上。我们邀请你搭乘这列火车，通过实现 PLAY 游戏干预法的目标，一起发掘孩子的潜能：

- **能列出并简要描述 PLAY 游戏干预法七个环节中的每个环节**。这七个环节概括了 PLAY 游戏干预法的"秘诀"。熟悉它们是你获得成功的关键。
- **能列出 PLAY 游戏干预法的四个原则和五种策略**，它们与"交流回合"一起，构成了 PLAY 游戏干预法最重要的元素。
- **能定义"交流回合"**，并解释为什么与孩子进行更长时间、更多有来有往式（像打乒乓球一样）的互动是如此重要。
- **能列出孩子的舒适区活动**，例如，当你放任孩子做任何他们想做的事情时，他们总做自己喜欢做的那些事情。
- **能列出六级功能发展水平，并描述你的孩子的发展水平。**通过了解孩子的发展水平，你将在"正确"的功能发展水平上（既不太高于，也不太低于孩子的功能发展水平）与孩子进行游戏。
- **熟悉七个感觉/运动领域，并描述你的孩子的感觉运动概况**，以了解哪些感觉和运动活动对你的孩子来说是有趣的，哪些是无趣的。
- **能举例说明**你在与你孩子一起玩耍时可以使用的 PLAY 游戏干预法的三种技术。
- **能举例说明**你在与你孩子一起玩耍时觉得很有趣的 PLAY 游戏干预法的三种活动。

本书的"车站"标识概述

本书的"车站"标识代表着你正朝着目标迈进,即用一套完整的方法帮助你的孩子拥有更强的社交能力。

- 前两站将帮助家庭登上 PLAY 游戏干预法的列车并确定方向。
- 沿着 PLAY 游戏干预法的轨道,接下来的两站将集中**在 PLAY 游戏干预法的七个环节上**,这是此趟旅程的主要部分。
- 在最后一站,你将学习如何完善你的技能,并帮助你的孩子——如果你的孩子在这趟旅程中开始出现打闹行为,这并不是一件坏事,因为打闹行为是孩子发展进步的标志。
- 最后,我们还为你提供了关于 PLAY 游戏干预法循证研究的主要**参考资料**。

请确保你也在 PLAY 游戏干预法的旅程中享受到乐趣!

目录

第一站　开启 PLAY 游戏干预法的旅程　　　　　　　　3

　　欢迎来到荷兰　　　　　　　　　　　　　　　　　　6
　　与你的 PLAY 游戏干预法顾问一起工作　　　　　　　7

第二站　PLAY 游戏干预法简介　　　　　　　　　　　15

　　PLAY 游戏干预法的使命　　　　　　　　　　　　　16
　　PLAY 游戏干预法的愿景　　　　　　　　　　　　　16
　　PLAY 游戏干预法的七个环节　　　　　　　　　　　17

第三站　如何执行 PLAY 游戏干预法　　　　　　　　23

　　环节 1：PLAY 游戏干预法的原则和策略　　　　　　24
　　环节 2：了解孩子的情况　　　　　　　　　　　　　30
　　环节 3：PLAY 游戏干预法的技术和活动　　　　　　61

第四站　在家里执行 PLAY 游戏干预法　　　　　　119

　　环节 4：家庭指导　　　　　　120
　　环节 5：参与　　　　　　123
　　环节 6：访视回顾　　　　　　124
　　环节 7：改变与成长　　　　　　125

第五站　如何处理孩子的行为问题　　　　　　129

　　良好的行为　　　　　　131
　　不良的行为　　　　　　132
　　任性的行为　　　　　　134

附录　　　　　　137

关于 PLAY 游戏干预法的研究　　　　　　140

关于以发展和人际关系为基础的父母实施模式的研究　　　　　　142

后记　　　　　　146

当你做孩子喜欢的事情时，孩子会喜欢和你在一起。

——理查德·所罗门

第一站 开启 PLAY 游戏干预法的旅程

当孩子被诊断为孤独症时，不同的家庭会有不同的感受。一些家长会因为终于为自己孩子的问题找到了确切原因而感到宽慰，而另一些家长会感到非常震惊，有些甚至会质疑诊断的正确性。不过许多家长通常都会经历与悲伤情绪相似的阶段性情感问题。

拒绝：虽然有些家长发现，获知诊断结果后，他们对孩子发育迟缓的担忧得到了缓解，但有的家长可能会在一段时间内对诊断结果持怀疑态度。当父母中的一方或大部分家庭成员拒绝接受诊断结果时，而接受诊断结果的父亲或母亲可能会感到特别悲伤和被孤立。但早期干预是孤独症治疗成功的关键，所以即使你有所怀疑，开始进行干预治疗确实是至关重要的。

愤怒：愤怒是悲伤过程中很自然的一部分。你可能会把你的愤怒情绪转移到你最亲近的人身上，比如你的配偶、孩子或其他家庭成员身上。重要的是要记住，你生气所针对的是当前的状况，而不是你所爱的人。你甚至可能对其他普通孩子的家长感到愤怒，或对自己将要面对与原计划不同的家庭生活感到愤怒。

悲伤：许多家长会对孩子抱有一些希望和梦想，当这些希望和梦想因为孤独症的诊断而无法实现时，家长们会感到灰心失望。有的时候你可能会感到极度悲伤、恐惧和孤独。家长们普遍会感到内疚，认为可能是他们做错了什么事情而导致孩子患上孤独症。孤独症其实是一种复杂的神经系统发育障碍性疾病。面对这一情况，家长主动寻求支持是能够有效满足孩子需求的关键。通常，你可以向社区机构和孤独症支持小组寻求支持，向你的家人和朋友寻求帮助也很重要。孤独症之声（Autism Speaks）等网站上也拥有很好的资源，可供各位家长参考。

接受：归根结底，接受孩子的本性，接受孩子的全部，是你能为孩子和家庭做的最好的事情。孩子需要你理解他，并学会如何帮助他充分发挥潜能。接受孩子以及他真实的发展状况，是你帮助他发挥全部潜能的最快方式。很多家长经常说，他们最喜欢 PLAY 游戏干预法的地方是，他们变得更了解自己的孩子了，而且学会了用一种新的方式来与孩子进行日常互动。

> 自从参与 PLAY 游戏干预法以来，卡登（Caden）已经成长了很多，并打开了他的内心世界。过去，他在游戏中的参与度为零，但现在我们能进行几个来回的交流。PLAY 游戏干预法对我们的家庭来说就是完美的。PLAY 游戏干预法让我们更接近我们的儿子，进入他的世界。这是我梦寐以求的最美好的时刻。在短短几个月的时间里，他已经有了很大的进步。感谢 PLAY 游戏干预法，帮我和我的妻子更好地了解我们儿子的世界。
>
> 唐（Dawn）

欢迎来到荷兰

经常有人请我描述抚养一个残疾孩子的经历,试图让那些没有这种独特经历的人去理解这种经历,帮助他们去想象这是怎样的一种感受。

当家长决定要一个孩子的时候,这就像安排一场前往意大利的美妙旅行。你买了一堆旅游指南,制订了完美的计划。你计划去游览罗马竞技场,欣赏米开朗琪罗的大卫像,到访威尼斯乘坐贡多拉。为方便交流,你可能还会学一些简短的意大利语。这一切都是非常令人兴奋的。

经过几个月的热切期待,这一天终于到来了。你收拾好行李出发。几个小时后,飞机降落。空姐进来报站说:"欢迎来到荷兰。"

"荷兰?!"你问道,"你说荷兰是什么意思?我报名的是去意大利!我应该是在意大利的。我这辈子都梦想着去意大利。"

但飞行计划有了变化。你在荷兰着陆了,你必须留在那里。

好在你没有被带到一个可怕的、恶心的、肮脏的、充满了瘟疫和饥荒的地方。你只不过是换了一个不同的地方去旅游。

所以,你必须出去买新的旅游指南。你必须学习一种全新的语言,而且你会遇到一群你从未见过的人。

这只是一个不同的地方。这里的生活节奏比意大利慢,城市也没有意大利那么华丽。但当你在这里待了一段时间，喘了口气之后，你环顾四周……然后，你开始注意到，荷兰有风车，有郁金香，甚至有伦勃朗的作品。

但你认识的每个人都在忙着从意大利来回奔波……他们都在炫耀他们在那里度过了多么美好的时光。在你的余生中，你会说："是的，那是我应该去的地方，那就是我计划要去的地方。"

这种痛苦永远永远永远都不会消失……因为失去这个梦想是一个非常重大的损失。

但是……如果你一生都在为没能去意大利这一事实而感到悲伤，你可能永远无法自由地享受荷兰非常特别、非常可爱的一切。

埃米莉·佩尔·金斯利（Emily Perl Kingsley）

与你的 PLAY 游戏干预法顾问一起工作

你的 PLAY 游戏干预法顾问会在 PLAY 游戏干预法的七个环节（见第 17 页）中支持并指导你。与孩子一起玩耍听起来很容易，但与孤独症孩子一起玩耍，可能就并不那么容易了。在 PLAY 游戏干预法中，你必须认真对待玩耍这件事。

如何培训 PLAY 游戏干预法顾问？

成为 PLAY 游戏干预法顾问要接受密集而广泛的培训。

- 首先，一位专业人员必须申请参加 PLAY 游戏干预法顾问的培训，且需要满足教育和经验方面的要求。
- 其次，参训人员要参加一个<u>强化课程</u>，学习 PLAY 游戏干预法的基本知识。
- 再次，参训人员要参加 PLAY 游戏干预法的实践培训，而且必须参加并通过<u>考试</u>。
- 这时 PLAY 游戏干预法顾问才能够在 PLAY 游戏干预法督导的<u>监督</u>下开始指导家庭进行为期12～18个月的 PLAY 游戏干预。
- 通过这种培训，PLAY 游戏干预法顾问可以提供高质量的以研究为基础的干预服务。

如果我没有 PLAY 游戏干预法顾问怎么办？

本书仍然可以给你帮助。通过本书，你可以学习准确地描述孩子的状况，并学习如何执行 PLAY 游戏干预法。你甚至可以把自己和孩子玩耍的过程录下来，然后回看，看看你是否遵循了 PLAY 游戏干预法的原则和策略。如果你有兴趣寻找附近的 PLAY 游戏干预法顾问或了解远程 PLAY 游戏干预法干预服务，可在我们的官网（https://playproject.org/）上获取更多信息。我们希望你能把你对孩子的了解和我们提供的信息结合起来，使每一次互动都能发挥最大的作用。

> 我们的方法是系统化的，并以坚实的研究为基础。经过几十年与众多家庭的合作，我们发现，几乎所有参与 PLAY 游戏干预法的家长都能学会我们的方法，并帮助他们的孩子取得进步。

PLAY 游戏干预法的有效性

我们的方法是非常系统化的，并以坚实的研究为基础。经过几十年与众多家庭的合作，我们发现，几乎所有参与 PLAY 游戏干预法的家长都能学会我们的方法，并帮助他们的孩子取得进步。我们也知道，PLAY 游戏干预法在很大程度上是需要家长和专业人员的共同努力的。下面的内容是你在与你的 PLAY 游戏干预法顾问共同工作时可以期待的：

家长与专业人员合作，能帮助孩子取得进步

评估和计划

你的 PLAY 游戏干预法顾问要做的第一件事是了解你和你的孩子。你需要完成一些评估来帮助你的 PLAY 游戏干预法顾问更好地了解你的孩子和家庭，但不是所有的 PLAY 游戏干预法顾问都会做评估，这取决于他们提供的服务和项目。许多孩子已经完成过各种评估，向 PLAY 游戏干预法顾问提供以前的各种评估结果或完成新的评估将为治疗计划提供信息，使 PLAY 游戏干预法顾问能够更好地满足你的家庭的需求。初步评估后，PLAY 游戏干预法顾问会制订一个干预计划，以了解你的孩子的独特情况，并帮助你制订一个行动计划。

PLAY 游戏干预法的日程安排、访视和时间投入

- 根据日程安排，PLAY 游戏干预法可以在不同的环境中进行，比如，可以在学校、诊室和家里成功进行。
- 访视的计划和时间也可以不同，可以是每月 1 次、每次 3 小时，也可以是每周 1 次、每次 1 小时，或者是每月 2 次、每次 1 小时，我们尽量灵活安排时间。与家长在日常生活中执行 PLAY 游戏干预法的强度和时间长度相比，访视的频率对结果的影响较小。
- 我们要求家长在一天中尽量投入 2 小时与孩子进行参与式游戏。大多数家长告诉我们，过了一段时间之后，他们就不计算时间了，因为他们全天都在与孩子一起玩耍、互动。

- 每一个与孩子相处时间较长的成人都应该参与 PLAY 游戏干预法的访视,并参与录像。这里的成人通常指父母,也可以包括祖父母或保姆。

 指导、示范和反馈

在 PLAY 游戏干预法顾问对你进行访视的过程中,他将指导你如何使用 PLAY 游戏干预法的策略与你的孩子一起玩耍。你的 PLAY 游戏干预法顾问将拍摄一段 10 分钟的视频,记录你和孩子玩耍的过程,同时他还会在摄像机后对你进行指导。你也有机会拿着摄像机拍摄一段 5 分钟的视频,记录你的 PLAY 游戏干预法顾问与你的孩子一起玩耍和示范 PLAY 游戏干预法的策略的过程。你的 PLAY 游戏干预法顾问会与你分享他在与你的孩子玩耍时的想法,这被称为摄像机前的指导。

许多家长表示,一开始他们会对录像感到紧张,然而他们很快就忘记了摄像机的存在,只是享受当前的访视。视频反馈是一个强大的工具。通过回顾视频,PLAY 游戏干预法顾问和家长可以观察到,对每个孩子来说哪些策略是有效的,哪些策略是无效的。

> "一开始,我对着镜头很紧张,但我很快就忘记了正在录像,因为我专注于与孩子玩耍。"

在每次访视结束时,你会收到一份访视建议报告(visit suggestions report, VSR)。访视建议报告是一份简短的"小贴士",以帮助你记住访视中的关键点。如果访视建议报告中

有你不理解或者需要更多指导的地方,请一定要问清楚。

每月寄给你的视频反馈表(video review form, VRF)中回顾了访视期间拍摄的视频片段,为你提供了如何与你的孩子玩耍的建议,并制订了活动计划,以帮助你的孩子在发展中取得进步。视频反馈表将帮助你了解孩子的独特情况,并引导你了解你在与孩子玩耍中应该关注的 PLAY 游戏干预法的技术和活动。请记住,PLAY 游戏干预法中最重要的策略始终保持不变!

> "你的工作是观看 15 分钟的视频并阅读报告,按照你的 PLAY 游戏干预法顾问给你的指导,花时间与你的孩子玩耍。"
> ——理查德·所罗门

"沟通是关键。如果你有任何问题或担忧,一定要与 PLAY 游戏干预法顾问沟通。观看了视频并阅读了视频反馈表后,如果你需要更多的解释或感到担忧,请联系 PLAY 游戏干预法顾问弄清楚。"

家长笔记

第二站　PLAY 游戏干预法简介

准备好和你的孩子一起玩耍吧!在本书的这一部分,我们将向你介绍 PLAY 游戏干预法的使命和愿景,以及这一方法中最重要的七个环节。

PLAY 游戏干预法的使命

我们将支持所有的家长与他们的孤独症谱系障碍孩子建立愉快的亲子关系,以帮助每个孩子充分发挥其潜能。

PLAY 游戏干预法的愿景

我们希望培训并建立一个由儿科专业人员和儿童发展专家组成的全球专家网络,为尽可能多的孤独症谱系障碍孩子及其家庭提供 PLAY 游戏干预法干预服务。

PLAY 游戏干预法旨在培训儿科专业人员和儿童发展专家,以指导父母通过游戏帮助他们的孩子发挥全部潜能!你的 PLAY 游戏干预法顾问会帮助你学习 PLAY 游戏干预法的七个环节。

PLAY 游戏干预法的七个环节

环节 1:准备,开始,玩——PLAY 游戏干预法的原则和策略

首先,PLAY 游戏干预法顾问会向家长介绍 PLAY 游戏干预法

的四个原则和五种策略，这些原则和策略将帮助家长了解 PLAY 游戏干预法的目标，并获得提升孩子参与度和社交互动能力的技能。

环节 2：了解孩子的情况——建立独特的个人资料

接下来，PLAY 游戏干预法顾问会邀请家长分享他们对自己孩子的了解情况。这种家长 – 专业人员的合作伙伴关系有助于为孩子制订个性化计划。PLAY 游戏干预法顾问将使用评估工具识别孩子的神经舒适区，了解孩子的感觉运动概况以及功能发展水平。目标是为孩子建立独特的个人资料，以便更好地支持孩子度过社会性发展和情绪发展的每个阶段。

环节 3：PLAY 游戏干预法计划——个性化的技术和活动

基于孩子独特的个人资料，PLAY 游戏干预法顾问将与家长合作，确定适合孩子的 PLAY 游戏干预法技术和活动。PLAY 游戏干预法计划将帮助家长提升他们与孩子互动的技能，使其在孩子的不同发展阶段更好地支持孩子。随着孩子不断取得进步，该计划将会不断地更新和修改。

环节 4：家庭指导——指导、示范和反馈

在每次家庭或诊所访视期间，PLAY 游戏干预法顾问会帮助家长学习如何成为孩子的玩伴，回答家长提出的问题，指导家长如何与孩子玩耍，示范推荐的技术和活动，并提供书面反馈。

家长和PLAY游戏干预法顾问都可以录下视频素材，用于访视回顾，以便PLAY游戏干预法顾问跟踪和衡量计划的进度。

环节5：参与——家长和孩子的玩耍时间

在PLAY游戏干预法的两次家庭访视之间，家长应使用PLAY游戏干预法的技术和活动，在孩子每天的日常活动和片段玩耍过程中与孩子进行互动。PLAY游戏干预法鼓励家长每周花15~20小时与孩子一起玩耍。目标是使每一次互动都成为良性互动，以提供改善孩子社会性发展和情绪发展所需的强化干预。

环节6：访视回顾——视频和书面反馈

在PLAY游戏干预法的访视期间，利用视频捕捉孩子与家

家长要多花时间陪孩子玩耍

长和 PLAY 游戏干预法顾问玩耍的瞬间。访视结束后，PLAY 游戏干预法顾问对视频进行回顾，以评估孩子的进展以及其家庭在 PLAY 游戏干预法活动中的参与情况，并为家庭提供视频的数码拷贝和更新的 PLAY 游戏干预法计划，其中包含有帮助的意见和建议。

环节 7：改变和成长——根据孩子的发展情况修改 PLAY 游戏干预法计划

孩子的发展情况是动态变化的，PLAY 游戏干预法计划也是如此。在孩子持续发展的基础上，PLAY 游戏干预法顾问将重新评估孩子取得的进步，修改 PLAY 游戏干预法计划，以更好地满足孩子及其家庭不断变化的需求。

当我们沿着 PLAY 游戏干预法计划的轨道前进时，我们将依次探索七个环节中的每一个环节。请登上第三站：如何执行 PLAY 游戏干预法。

家长笔记

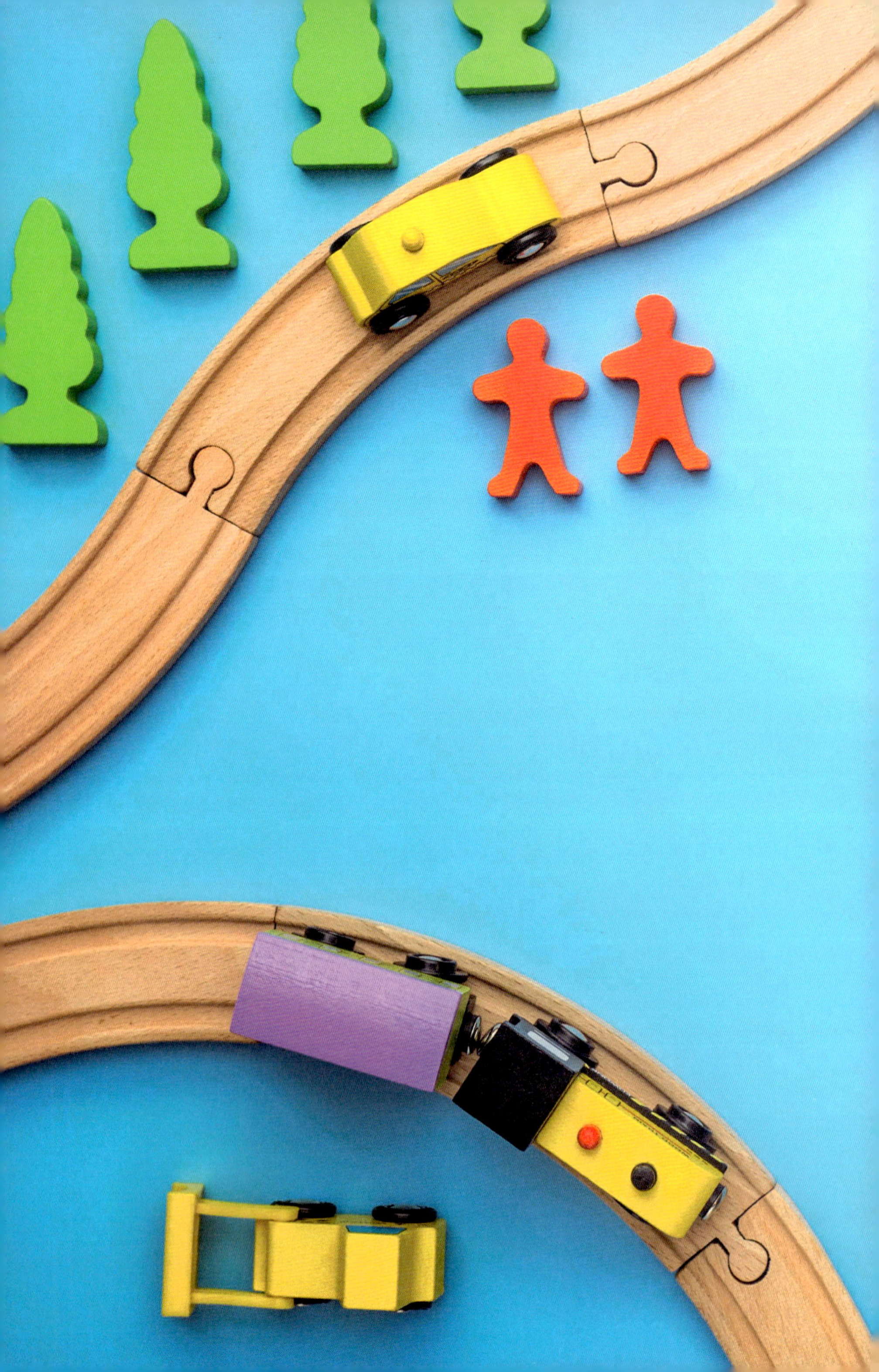

第三站　如何执行PLAY游戏干预法

PLAY 游戏干预法共有七个环节，这一站将重点介绍前面三个环节，即 PLAY 游戏干预法的原则和策略、了解孩子的情况和 PLAY 游戏干预法的技术和活动。

环节 1：PLAY 游戏干预法的原则和策略

在这一部分，我们将更深入地讨论 PLAY 游戏干预法的第一个环节，介绍 PLAY 游戏干预法的四个原则和五种策略。这些是最重要的概念，可以帮助你到达最终目的地——发掘孩子的全部潜能！

PLAY 游戏干预法的四个原则

1. 与人相处的乐趣

孤独症谱系障碍儿童经常自我孤立，着迷于重复性的行为，因此对他们来说，与人互动具有挑战性。然而，做你的孩子喜欢做的事，你就能成为他最喜欢的玩伴。密切关注你的孩子玩耍时的情绪和对生活的感受。如果你的孩子和你一起玩得很开心，他就会更多地与你一起玩耍。使用 PLAY 游戏干预法所取得的进展将改变你的孩子喜欢做的事情！

2. 投入时间

干预的强度很重要。我们要求家长每天花大约 2 小时与孩子玩耍（用 PLAY 游戏干预法的技术与孩子互动）。连续玩耍 2 小时是不现实的，把 2 小时的时间分割成 15～20 分钟的片段是最有效的，特别是在刚开始干预的时候。目标是在你和孩子的每一次互动中都使用 PLAY 游戏干预法的技术。在所有的日常活动中，如穿衣服和吃饭，你都可以使用 PLAY 游戏干预法的技术。

> "使每一次互动都成为良好的、有效的互动！"

3. 准确地描述孩子的情况

理解你的孩子看待世界的独特方式（见下文环节 2），这将帮助你能够以最佳的方式帮助你的孩子。你需要了解你的孩子以下三个方面的情况：

- **舒适区活动**：当你让你的孩子做他想做的事时，或者当他进入"自己的小世界"时，他会做哪些事情？你的孩子会做的那些事情就是他用来孤立自己的重复行为／兴趣，也是他的舒适区活动。

- **感觉运动概况**：你的孩子如何通过他的感觉（视觉、听觉、嗅觉、味觉、触觉、前庭感觉和本体感觉）体验周围的世界，包括他最喜欢的感觉和不喜欢的感觉。
- **功能发展水平**：指的是斯坦利·格林斯潘（Stanley Greenspan）博士所描述的发展阶梯，所有孩子都必须攀登这个阶梯才能具备正常的社交功能。重要的是，你要理解每个阶段的功能发展水平里程碑，以及如何帮助你的孩子在早期发展阶段建立坚实的基础来支持他的成长。我们将在环节 2（见第 30 页）为你详细介绍功能发展水平，包括对其进行简单总结及完整描述。

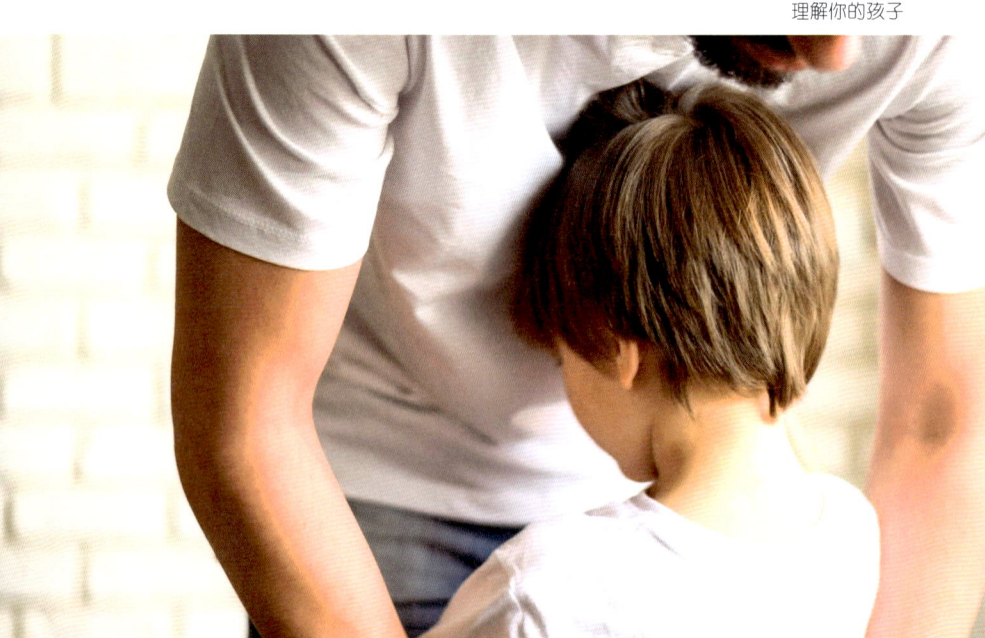

理解你的孩子

4. 在正确的功能发展水平上玩耍

如果你理解并实施了 PLAY 游戏干预法的原则和策略，并且能够准确地描述你的孩子的情况，你将更有可能在孩子所处的功能发展水平上与孩子一起玩耍，以促进孩子的成长，同时孩子也更有可能与你保持互动。如果你在太高于或太低于你的孩子的功能发展水平上与孩子玩耍，那么你可能会让孩子回到他孤立的世界。最重要的是，你要使用 PLAY 游戏干预法的策略，采取正确的方式与你的孩子一起玩耍。

PLAY 游戏干预法的五种策略

1. 识别孩子的信号和意图

你要把自己当作一名侦探，去了解你的孩子的感受和想法。通过仔细观察，你可以发现你的孩子在关注什么，从而了解他的真正意图是什么，他的想法是什么。（见附录部分"PLAY 游戏干预清单：适用于处于功能发展水平 1 到 3 级的儿童"）。

2. 放慢游戏节奏，观察和等待孩子的想法

你需要花时间仔细观察你的孩子来了解他的想法。孤独症儿童不会走到你面前说："妈妈/爸爸，你知道我在想什么吗？"因此，我们建议你慢慢来，以发现关于孩子想法的重要线索。然后，当你了解你的孩子真正想要的是什么时，你要以一种让他觉得有趣的方式来让他参与进来。

3. 跟随孩子的引领,对孩子的意愿做出回应

一旦你理解了你的孩子的想法,你就可以在与他玩耍的过程中跟随他的想法。通过观察你的孩子的注意力所在,你可以跟随他的想法,并以此作为参与游戏的指南。(注意:活动通常是家长的想法,你可以按照自己的想法去玩耍,只是要确保这些活动是有趣的。)始终追求乐趣,这才是正确的做法!

4. 开启和回应交流回合

一旦你仔细观察到你的孩子的想法的相关线索,知道了他的真实意图是什么,并且跟随他的想法参与到他的活动中来,你将能更好地与他互动。**这一策略是最重要的,因为它与社交互动有关**。在 PLAY 游戏干预法中,我们始终关注我们所说的"互动

家长应跟随孩子的引领

"噢,他在玩小火车!"

"我喜欢排列小火车!"

过程",这是对来回互动的一个有趣的称呼。通常我们不会考虑互动,但在PLAY游戏干预法中你必须考虑这样做。互动过程由"开启"和"回应"交流回合组成,具体如下所述。一个小手势或一个眼神都可能是孩子想法的相关线索。在你与孩子的每一次交流中,你的重要目标之一是拥有越来越多完整的交流回合。

什么是交流回合(circle of communication, COC)? 即来回的交流过程。开启一个交流回合意味着<u>发起</u>一次互动。回应一个交流回合意味着对另一个人做出<u>回应</u>。我们把这个过程称为人际关系中的"乒乓球"。一个交流回合可以很简单,就像你把玩具递给你的孩子(开启一个交流回合),你的孩子接过它(回应一个交流回合)。所有交流的目标都是有意义的来回互动。

为什么交流回合很重要? 交流回合是人际关系的基础。这种发起和回应的来回过程可以通过计算连续开启和回应多少个交流回合来衡量。这个互动过程是自愿的,也就是说,一个人不能强迫另一个人做出回应,因此需要注意:第一,谁在开启交流回合;第二,对方是否在做出回应;第三,"乒乓球"效应持续了多久。交流回合是观察你与孩子之间互动的一个重要视角。始终要牢记的是:我怎样才能获得更多的交流回合?我怎样才能让我的孩子开启交流回合?总之,交流回合很重要!

5. 将活动建立在孩子的兴趣之上

一旦你更好地了解了孩子的想法,<u>并与孩子建立起互动</u>和沟通,你就可以慢慢加入自己的想法来激发孩子进行更多的互动。重要的是要继续跟随孩子的引领，观察孩子的注意力在哪里，但你也可以通过使用 PLAY 游戏干预法的技术和活动（见下面的环节 3）帮助孩子更好地玩耍。但要注意，不要问孩子很多问题或不停地传授技能。孩子会通过游戏取得进步的。

环节 2：了解孩子的情况

了解了 PLAY 游戏干预法的原则和策略后，你还需要了解你的孩子的情况，如前所述，这主要包括孩子的功能发展水平、舒适区活动和感觉运动概况。

了解孩子的功能发展水平

所有的孩子都会经历同样的功能发展过程。孤独症谱系障碍孩子会在某些功能发展水平上停滞不前，或在发展基础上落后于其他孩子。当这种情况发生时，他们就会缺乏坚实的基础来培养他们下一级功能发展水平的相关技能。这就像一座堆叠得不太牢固的积木塔。对家长来说，重要的是了解孩子的发展情况，并注意孩子在哪些方面表现出优势，在哪些方面存在困难。孩子从来不会只处于某一级功能发展水平，而通常会表现出 2～3 级功能发展水平范围内的技能。有些孩子会在较高的功能发展水平上表现出相关技能，但在较低的水平上可能存在"漏洞"（弱点）。

在 PLAY 游戏干预法中，你的 PLAY 游戏干预法顾问总是在评估你的孩子的功能发展水平。当你的孩子的功能发展水平下降时，你需要降低水平，在他当前的功能发展水平上玩耍。对于那些想在孩子的最大潜能下陪孩子玩耍的家长来说，这可能会令人感到沮丧。然而，当家长们在远远超过孩子的功能发展水平上陪孩子玩耍时，他们将无法与孩子进行有效的互动，并可能导致孩子失去兴趣或感到不安。通过在合适的功能发展水平上玩耍，家长可以填补孩子的漏洞并提升其整体能力。

> "孩子的功能发展水平降低，你就降低水平与孩子玩耍。
> 孩子的功能发展水平升高，你就提高水平与孩子玩耍。"

格林斯潘提出的六级功能发展水平分别为自我调节和共同注意，参与[1]和联系，简单的双向交流和目的性，复杂的双向交流、社交问题解决和自我意识，分享意义和象征性游戏，情绪思维、逻辑和现实感。我们先对六级功能发展水平做一个简单的总结，再对每级功能发展水平进行更详细和完整的描述。

功能发展水平 1：自我调节和共同注意
（出生后到 3 个月之间学会）

- 可以保持足够的平静，进行自我调节，从而能与他人共享注意力
- 当你观察到孩子的舒适区活动时，孩子可能在功能发展水平 1 方面有缺陷

1　参与 (engagement) 有时被称为亲密关系或与他人建立联系的能力。在本书中，参与是指孤独症孩子能与他人一起参与、投入某项活动。——译者注

- 可以维持短暂的互动
- 孩子和我们在一起
- 舒适区活动会让自我调节失控：如某种（感觉）刺激、刻板语言、排列物体等活动会分散注意力
- 使用兔子洞技术（见第62页）与处于功能发展水平1的孩子玩耍

功能发展水平 2：参与和联系
（2 到 7 个月之间学会）

- 更持续的关注 = 参与
- 你叫孩子，孩子看着你——交流回合开启了！
- 关键问题：让孩子参与进来的难度有多大？
- 这是需要"出汗"的阶段，即家长/专业人员必须很费劲（大汗淋漓）才能让孩子持续参与
- 跟随孩子的引领很难，但你可以做到
- 留意孩子的视觉活动
- 使用兔子洞技术（见第62页）

功能发展水平 3：简单的双向交流和目的性
（3 到 10 个月之间学会）

- 开启和回应 6～10 个交流回合
- 关键问题：交流回合是孩子开启的吗？
- 我们想要"创造一个小魔头"（如孩子黏着你不让你离开！）
- 注意交流的目的性
- 主要活动：简单的因果游戏（躲猫猫）
- 这是需要等待的阶段，即家长/专业人员必须等待，看孩子是否发起交流（即开启交流回合）
- 开始了解日常生活
- 开始说第一个单词

功能发展水平 4：复杂的双向交流、社交问题解决和自我意识
（9 到 18 个月之间学会）

- 开启和回应 10～30 个交流回合
- 牢固的功能发展水平 4＝孩子能"完全与我们在一起"，能维持流畅的互动
- 手势交流配合文字、模仿
- 会说 10～15 个词
- 会自发地遵从一步指令：去、拿、给……
- 感觉越来越有条理
- 会解决问题了，并开始有自己的想法
- 听得懂"小故事"："理解"有意义的次序
- 会玩简单的假想游戏：把电话贴在耳朵边，把奶瓶放到娃娃嘴边

功能发展水平 5：分享意义和象征性游戏
（24 到 30 个月之间学会）

- 进行典型的 2 岁孩子的交流
- 会说不少于 50 个词和短语
- 能理解"什么""在哪里""谁"，动作，是/否等表达
  - 不是开放式的词语（例如"为什么"或者"什么时候"或者一些代词）
- 能与成人玩某个主题的假想游戏
- 会遵从 1～2 步的指令
- 开始学会问候
- 会守规矩
- 跟随孩子的引领，但并不凡事依从孩子

功能发展水平 6：情绪思维、逻辑和现实感
（36 到 48 个月之间学会）

- 会用长句或短句来交谈
- 会提出"为什么"和"什么时候"这种问题
- 可以回想起刚刚发生的事情（早餐吃了什么？）
- 会建立想法之间的联系
- 会识别自己和他人的感受
- 会认识到感觉、行为和结果之间的关联
- 会玩两个主题的游戏
- 会进行简单的对话
- 会和同龄人一起玩
- 发展到某阶段会出现不良行为
- 会建立两个想法之间的逻辑联系

在上述对功能发展水平进行简单总结的基础上，接下来将针对六级功能发展水平进行详细和完整的介绍，包括功能发展水平的特点，在这一水平出现困难的迹象，家长和其他照顾者的目标，孩子在这一水平取得进步的例子以及在此阶段孩子的目标，等等，以帮助家长更好地陪伴孩子玩耍。

功能发展水平 1：自我调节和共同注意
功能发展水平 1 的特点

这一水平的特点是孩子能够进入和维持与他人共享注意的状态，同时保持专注和平静。这些技能是孩子在出生后到 3 个月之间学会的。

在功能发展水平 1 出现困难的迹象

在这一水平出现困难的迹象可能包括注意力很短暂 / 注意力分散；自我调节困难（难以或无法保持冷静和满足）；频繁出现注意力不集中（孩子并没有与我们一起）、不适、烦躁或嗜睡（唤醒水平低）；出现舒适区活动，例如重复性的行为。

家长和其他照顾者的目标

- 利用所有可用的感觉（即触觉、听觉、视觉等）以及运动能力，帮助孩子保持平静和自我调节，以吸引孩子共享注意。
- 让孩子参与愉快的互动，包括看（观察面部）、听（专注于声音）、触摸（愉快地挠痒痒，击打和分享物体或玩具）等。
- 随着孩子的发展，增加交流回合的数量并维持共同注意。
- 使用具有建设性和有趣的妨碍策略与情感线索，以延长孩子的共同注意。

孩子在功能发展水平 1 取得进步的例子

- 通过拥抱、交谈、触摸、注视和互动，孩子能够被安抚，并平静下来。每次保持平静的时间为 2 分钟及以上。
- 孩子对世界表现出更多的兴趣，对自己所看见的东西或听到的声音能维持 3 秒或更长时间的关注。

- 孩子能抬头，用眼睛跟踪物体，并对声音做出回应。
- 孩子能与他人的目光接触。
- 孩子在玩喜欢的游戏时可以与人保持互动。
- 孩子在过度兴奋后（例如在玩肢体游戏后）能够平静下来。
- 一个具有被动型人格的孩子能够激励自己集中注意力，并加入其他人的活动中，同时保持兴趣。
- 孩子将开始能够接受过渡到一项新活动中，即使这项活动可能不是自己选择的。
- 孩子的睡眠和饮食模式变得更加规律。

此阶段孩子的目标

- 孩子在感觉运动的互动游戏中能与特定的成人维持共同

通过各种方式让孩子参与愉快的互动

注意，该互动游戏中使用了孩子喜欢和让孩子感到愉悦的感觉和运动方式，例如运动、看、触摸或倾听。
- 孩子在帮助下会调节自己的感觉系统，以维持共同注意。
- 孩子会调节自己的感觉系统，以独立地维持共同注意。
- 孩子会通过增加手势沟通的交流回合来提升共同注意，维持与成人之间持续不断的互动，而不是专注于特定的物体。
- 在互动中，孩子会与同伴共享注意。
- 孩子会在小组中维持共同注意。
- 孩子会在不同的环境中独立地维持共同注意。

* 注意上述目标何时能持续稳定地实现

孩子能在互动游戏中维持共同注意

功能发展水平 2：参与和联系

功能发展水平 2 的特点

这一水平的特点是孩子能够与他人建立人际关系（包括依恋关系），并且能够带着愉悦的心情参与他人的活动。这些技能是孩子在 2 到 7 个月之间学会的。

在功能发展水平 2 出现困难的迹象

在这一水平出现困难的迹象可能包括难以建立人际关系和依恋关系，回避他人，与他人交往的欲望或能力下降，对成人的关注或关爱的反应减弱或表现出不信任、冷漠的态度。

此阶段家长和其他照顾者的目标

- 吸引孩子与你进行愉快的互动，例如，孩子会微笑，看着照顾者的脸，跟随照顾者发出的声音的节奏摇胳膊晃腿，根据照顾者的节拍发出声音回应，转身或伸手去触摸照顾者。
- 鼓励亲密关系的发展——当孩子如坠入爱河般与你互动时，请留意孩子眼中的爱意。
- 随着孩子的成长，加深与孩子的关系，让孩子体验各种情感，例如自信、愤怒或悲伤等。请注意，这些情感可以纳入对孩子参与的质量和稳定性的评估中，例如，当孩子处于压力之下时，他是否会退缩或变得漫无目的？在孩子生气或受到惊吓时，他是否仍然会保持与周围的联系？
- 不断强调人际关系的重要性，以帮助孩子培养安全感、亲密感、关爱感和同理心。良好的人际关系将为孩子在相关领域取得进步打下基础，在这些领域中，孩子需要非常努力地发展自己在运动计划、语言习得方面的能力和保持对所有学习的积极态度。

孩子在功能发展水平 2 取得进步的例子

- 孩子会回应简单的示意，并表现出好奇心和坚定的兴趣（例如密切关注父母的面部表情）。
- 孩子会很高兴或愿意长时间与同伴和成人保持互动。

吸引孩子与你进行愉快的互动

孩子的目标
- 孩子将通过愉悦和有趣的互动与特定的成人建立关系。
- 孩子能持续参与与特定成人之间的社交互动，并获得愉悦和乐趣。
- 当孩子不高兴和具有抵抗情绪时，孩子仍能继续参与社交互动。
- 孩子能通过增加交流回合的数量来保持持续的参与。
- 孩子能通过更广泛的情绪，如嫉妒或恐惧，来保持持续的参与。
- 孩子能在成人的调解下与同伴保持参与。
- 孩子能与社交能力较强的同伴保持参与。
- 孩子能在小组互动中保持参与。

   * 注意上述目标何时能持续稳定地实现

功能发展水平 3：简单的双向交流和目的性

功能发展水平 3 的特点

这一水平的特点是孩子能够参与来回的情感传递和沟通，从而传达自身意图、兴趣和需求。这些技能是孩子在 3 到 10 个月之间学会的。

在功能发展水平 3 出现困难的迹象

在这一水平出现困难的迹象可能包括难以发起互动和形成想法，以及难以开启和关闭 2～10 个交流回合；对父母或其他照顾者的示好反应减少；使用手势或肢体语言（伸手、指向等）

进行交流的能力降低；对因果关系的兴趣减少；互动的能力或需求下降。

家长和其他照顾者的目标

- 跟随孩子的引领，激励孩子通过手势和情感信号来与你交流自身的情感（兴趣、需求或意图），并通过来回互动的模式来回应你的情感信号。
- 鼓励沟通。使用情感线索（情绪信号）来吸引和等待孩子采用有目的的社交信号（面部表情，发出声音，伸手去够，指向某处，扔东西，移动身体，等等）来表达他的需求、反对意见或其他感受。
- 通过开启和回应交流回合来鼓励持续的沟通。当孩子表现出某种兴趣或发起某种行为时，开启或回应交流回合。例如，孩子看着玩具，父母或其他照顾者通过拿起玩具并将其展示给孩子来跟随孩子的引领，从而开启交流回合；孩子伸手拿玩具，同时回应（看着）父母，父母微笑着点头等，以此来回应交流回合。
- 利用孩子的兴趣、主动性和有目的的行为来促进沟通。鼓励孩子为你做事，帮助孩子达成自己的目标，并在之后通过制造障碍来增加交流回合的步骤和数量。

孩子在功能发展水平 3 取得进步的例子

- 孩子开始有自己的想法。你开始感觉到孩子的个性特点。
- 孩子通过用手去指、伸手去拿、发出声音来表达自己想要某样东西或要求抱抱的意愿。
- 孩子能有目的地挪动或爬行,能听懂简单意思和发出不同的声音,并能区分不同的人。
- 孩子能进行有来有往的互动,做手势。
- 孩子能做出有目的和有意图的行动(如伸手求抱抱)。
- 年龄大一点的孩子即使在感受到各种不同的强烈情绪时,也能够与成人和同伴开启和关闭交流回合。

孩子的目标
- 孩子将使用面部表情、声音和其他手势,在动态的交流

孩子能做出有目的和有意图的行动

中以有来有往的节奏进行互动。
- 孩子将围绕自己的需求发起有目的的互动（开启交流回合），并且会在成人回应后关闭交流回合。
- 孩子将围绕自己的需求（如进行某项感觉运动活动、去某个地方、去拿某个物品）或出于对成人策略的回应增加有目的的交流，从而增加交流回合的数量，例如，当成人设置障碍时，孩子会装作不知道，或者设置更多的步骤来达到预期的目标。
- 孩子会通过模仿增加有目的的互动次数。
- 孩子会通过简单的手势（例如伸手去够、拿、拉或指）来增加有目的的互动次数。
- 孩子会通过更广泛的情感，如依赖、自信和嫉妒等，来增加有目的的互动次数。
- 孩子会在不同的加工领域（包括视觉空间、运动计划、知觉运动、听觉处理和语言等）增加有目的的互动次数。
- 孩子会在成人的调解下，与同伴保持有目的的互动。
- 孩子会与社交能力较强的同伴保持有目的的互动。
- 孩子会自发地与同伴进行有目的的互动。
- 孩子会在小组互动中保持有目的的互动。

＊注意上述目标何时能持续稳定地实现

功能发展水平 4：复杂的双向交流、社交问题解决和自我意识

功能发展水平 4 的特点

这一水平的特点是孩子能够运用复杂的交流回合，将一系列手势、动作和词语串联起来，形成一个复杂的解决问题的互动序列，这将有助于孩子形成自我意识。这些技能是孩子在 9 到 18 个月之间学会的。

在功能发展水平 4 出现困难的迹象

在这一水平出现困难的迹象可能包括难以或无法连续开启和回应多达 20 个交流回合（即互动可能很短暂，孩子的想法也不连贯）；对简单因果关系或玩假想游戏的兴趣下降；接受性和表达性的交流减少；在运动计划、序列游戏或参与涉及三个

孩子能在游戏中与同伴保持有目的的互动

及更多步骤的活动方面存在困难；难以遵循自发的一步指令；解决问题的能力或毅力下降。

家长和其他照顾者的目标

- 成为孩子的互动伙伴，让孩子学会用连续不断的手势与你一起传达自己的兴趣和愿望，从而满足自己的需求。
- 在建立互动时，将情感线索与动作相结合（要生动，并通过语调和面部表情来表达情感）。你的目标是帮助你的孩子学会开启和回应多个交流回合。首先通过微妙的面部表情（如炯炯有神的眼神）和其他情感信号或手势进行非言语对话，然后再进行以解决问题为目的的言语对话。
- 支持孩子开启和回应20个（甚至30个以上）的交流回合，例如，孩子拉着照顾者的手，将照顾者带到门口，用手指着门表示自己想出去，甚至可能发出一个声音或一个字词，让照顾者进一步领会自己的意图。
- 通过询问孩子问题，例如，你想去哪儿，你需要什么，还有谁会来，你会得到什么，还有什么以及还能去哪里，等等，与孩子展开对话。这些对话是商讨生活中最重要的情感需求所必需的，例如，与其他人亲近、敢于探索并变得自信、减少争斗、讨论安全问题等情感需求。
- 在解决问题（例如，喂食饥饿的娃娃，给受伤的膝盖缠绷带，修理坏了的卡车，赶跑饥饿的狼，等等）时，增加情感和情绪的互动范围。

- 让孩子感受不同的情感模式,例如依赖、自信、愉悦等,并将其组织成完整的、解决问题的情感互动。注意孩子是否出现两极分化,以及是否被一种或其他的情感状态(有组织的攻击、冲动和依附,需要或依赖的行为,有组织的恐惧模式)所支配。

孩子在功能发展水平 4 取得进步的例子

- 孩子可以模仿运动行为(如把球扔给妈妈,扔弹珠),可以模仿假想游戏(如喂娃娃,但只模仿动作,只是假扮父母的象征性行为)。
- 孩子会遵循各种一步指令,按照功能用途使用物品,延长搜索过程(如持续找瓶子)。

玩简单的假想游戏

- 孩子开始通过阅读文字/语调（例如，语气词"呸"）、面部表情、手势来理解他人的情绪（如快乐、悲伤、恐惧等）。
- 当感受到不同的情绪时，孩子可以保持参与和互动。例如，当孩子因为他的兄弟抢了他的玩具而感到不高兴时，他会保持联系并沟通，而不会沉浸在自己的世界里或发脾气。

孩子的目标

- 孩子将通过手势或语言来表达交流的意图，从而获得他想要的东西。
- 为了实现一个想法，孩子会采取一系列动作（动作计划）。比如想要一块饼干时，孩子会将一把椅子拉到橱柜边上，爬上椅子，打开柜门，拿到装饼干的容器并打开，拿到饼干后对着妈妈微笑。
- 为了实现自己的愿望，孩子会采取一系列动作（动作计划）。比如想要跟坐在沙发上读报纸的爸爸玩时，孩子会爬上沙发，在爸爸身边跳来跳去，然后把他拉到地上玩。
  * 注意上述目标何时能持续稳定地实现

功能发展水平 5：分享意义和象征性游戏

功能发展水平 5 的特点

这一水平的特点是孩子能够创造出在假想游戏中可以被观察到的想法（象征）和表达某种情感意图的话语（短语和句子）。

这些技能是孩子在 24 到 30 个月之间学会的。

在功能发展水平 5 出现困难的迹象

在这一水平出现困难的迹象可能包括刻板、重复或其他无意义的表达性语言；对假想游戏（例如，玩过家家或怪物攻击）不感兴趣或不会玩假想游戏；难以识别和表达情绪；交流能力弱；缺乏幽默感；难以进行涉及多个步骤的复杂构思；经常使用行为而不是语言，例如，孩子会直接做出攻击行为而不是说"不要这样做"。

家长和其他照顾者的目标

- 鼓励孩子将感受、手势和行为与想法联系起来，这些想法可以在假想游戏和剧情中与他人分享。无论是动物派对、毛绒公仔拥抱，还是过家家茶话会，想法都在主导着这些游戏。

- 进入孩子构建的虚拟世界来了解孩子的想法，并使用虚拟世界里的角色所用的语言和动作参与到孩子的假想游戏中。让孩子提出游戏的想法，并通过互动（角色戏剧化）来阐述不断拓展的主题以及情感范围（亲密、自信、恐惧、愤怒、嫉妒等），使孩子能够在安全的环境中探索和表达这些情感。

- 鼓励孩子采取言语而非行为来表达感受。当感受被转变为想法时，它们就可以通过言语和游戏（而不是行为）表达出来，例如，孩子不必打他的朋友，而可以说，"我很生气"。

- 与孩子进行长时间的交谈，交流孩子的兴趣、感受、愿望和反对意见。
- 与孩子玩象征性游戏，以便孩子通过游戏中不同的角色、感受和行为拉开与现实生活及即刻需求的距离，从而把自己与他人区分开来，例如，孩子假装成妈妈，安慰因弄坏了玩具而沮丧的宝宝。

孩子在功能发展水平 5 取得进步的例子

- 孩子获得使用想法（语言）来传达感受和意图的能力。（"要更多果汁吗？""不要打开！""亲亲宝贝！"）
  - 孩子会模仿熟悉的假想行为，例如，拥抱娃娃或喂娃娃。当孩子将自己视为娃娃的妈妈时，孩子会发展出越来越多的象征性游戏技能，以此来理解复杂的情感（如哄娃娃去睡觉、拥抱娃娃或和娃娃打架等）。
- 象征性游戏逐渐体现出情感主题，比如亲近感、自信、恐惧、愤怒等。例如，喂娃娃时，娃娃说它不喜欢粉红色的冰淇淋；假装去公园时，娃娃说它害怕滑滑梯。
- 孩子让你参与到他的游戏中，也就是说，他不是独自玩耍。
- 孩子可以跳跃、跑步、涂鸦，能理解简单的设计。
- 孩子可以抛球、画线，或重现简单的设计。

孩子的目标

- 孩子会开始在互动式的假想游戏中表达现实的想法，比如拥抱娃娃。
- 孩子会主动运用现实的语言互动来表达想法。
- 孩子会根据自己的情感或意图表达想法,比如,当孩子想要出去的时候,他会说"到外面玩"。
- 孩子会将语言和基于现实的行为结合起来表达由情感转化而来的想法,例如,假装受伤之后去看医生,把病治好。
- 孩子会通过对话来表达自己的想法。
- 孩子会在阐述想法时增加语言表达和象征性游戏的步骤,比如在车祸中受伤,去看医生,接受检查,然后回家。
- 孩子会使用神奇的思维来创造虚构的(而不是现实的)想法。
- 孩子会在角色扮演类的游戏中扮演不同的角色。
- 孩子会预测别人在特定情况下的感受或行为。
- 孩子会对他人的感受给予适当的回应。
- 孩子会充满自信地解决社交场合中出现的冲突,例如,排队等待、交换玩具、轮流玩、一起玩、坚持自己取回玩具、加入他人的游戏或保护他人等。
- 孩子会扮演多种角色并使用数字来代表角色。
- 孩子会扩展自己的想法,以囊括广泛的主题和感受。

  * 注意上述目标何时能持续稳定地实现

功能发展水平 6：情绪思维、逻辑和现实感

功能发展水平 6 的特点

这一水平的特点是孩子能够在不同的想法之间搭建逻辑桥梁或者建立联系，开始出现反思和理解他人观点的能力，能创造自己的游戏和规则，并自制玩具。这些技能是孩子在 36 到 48 个月之间学会的。

在功能发展水平 6 出现困难的迹象

在这一水平出现困难的迹象可能包括难以或无法回答开放式的问题，例如，以"什么""为什么""什么时候"等开头的问题；难以回忆过去的事件，也不能理解或预测未来会发生什么；缺乏同情心；与同伴相处有困难；交流能力弱；解释行为

孩子能与同伴愉快地玩耍

和感受等产生的原因的能力下降。

家长和其他照顾者的目标

- 通过征求孩子的意见，倾听孩子的辩论，并用合乎逻辑的理由就孩子想要的事情进行协商，激励孩子将自己的想法联系起来。首先进行有逻辑的对话，其中应至少涉及两个交流回合："该上学了。""我不想去。""为什么？""因为我现在感到不舒服。"
- 鼓励孩子与同伴和成人进行假想游戏，游戏中的故事或剧本要"有意义"，包含开头、发展和结尾，而且其中的戏剧元素要合乎逻辑。
- 鼓励孩子使用假想游戏、语言和视觉符号来精心构思一部已经部分计划好的假想戏剧（主题或想法是事先确定好的），或参与有逻辑的对话，处理主题之间的因果关系、空间关系和时间关系。
- 激励孩子在不同的感受状态之间建立联系，例如，"当你为我感到骄傲时，我感到高兴！"识别感受、想法和行为之间的关系（偶然性的）。
- 帮助孩子提升对越来越微妙的情感状态的识别和区分能力，例如，孩子能对孤独、伤心、失望、烦恼、沮丧等情感状态进行区分。

孩子在功能发展水平 6 取得进步的例子

- 能够在想法之间建立逻辑桥梁，例如，可以进行一次简单、有逻辑的对话，其中至少涉及两个交流回合："该上学了。""我不想去。""为什么？""因为我现在感到不舒服。"或者"因为学校里有一头很凶的大恐龙。"）

- 能够与他人一起玩假想游戏，其中的故事和剧本都是有意义的，例如，小熊们要出门拜访奶奶，然后吃一顿丰盛的午餐。

- 能够通过假想游戏、语言和视觉符号传达两个或更多个在逻辑上相关联的想法。例如，"因为他做坏事，他是坏人，所以要打他。"

- 能够与同伴和成人进行互动式的假想游戏，游戏中的许多元素在逻辑上是互相契合的。当孩子处于功能发展水平 5 时，孩子可能会打扮一个娃娃，然后看到一支蜡笔就涂鸦，看到一只鼓就假装自己是一个鼓手；而处于功能发展水平 6 的孩子会将这些片段连接起来，例如，孩子可能会假扮鼓手来为盛装打扮的娃娃演奏，并用蜡笔来制作演出的请柬。或者，娃娃可能会举办一个茶话会，打电话邀请朋友来参加，准备点心，摆放桌子，确定座位。

- 孩子会跨、跳、画圆圈，可以回忆起 4 个及以上的数字或单词，能询问和回答"为什么"的问题，能对物品进行分类和量化，能回忆起最近发生的事情。

- 孩子能轮流玩玩具、画圆圈，能使用完整的句子回答以

"什么""在哪里""谁在做"等开头的问题，开始有数量感。

孩子的目标

- 孩子在假想游戏和基于现实的对话中都可以回应所有象征性的交流回合。
- 孩子会回答特殊疑问句，包括以"谁""什么""哪里""什么时候""为什么"等开头的问题。
- 孩子在做决定的时候，比如，决定玩什么、做什么、去哪里以及谁先走时，会进行争论、谈判，并做出选择。
- 孩子会以合乎逻辑的方式将各种想法联系起来，使之合乎情理（而不是片段式的想法，也不会使想法离题或偏题）。
- 孩子会把时间概念融入想法中。

打扮娃娃，为娃娃举办茶话会

- 孩子会把空间概念融入想法中。
- 孩子会把数量概念融入想法和问题解决中。
- 孩子会解释感受和行为产生的原因。
- 孩子会比较想法、偏好和其他人的观点。
- 孩子会发表意见,选择适当的维度来表达自己的观点。
- 孩子会创作有开头、发展和结尾的剧本。
- 孩子会识别其他人或角色行为的动机,并理解不同的观点和感受。
- 孩子会预测其他角色的感受和行为。
- 孩子会识别复杂的意图,如欺骗、讽刺和冲突。
- 孩子会在假想游戏和现实发生的对话中反思自己的感受。
- 孩子会玩各种情感主题的游戏,包括冲突、侵略和道德等主题的游戏。
- 孩子会具有更高层次的抽象思维,既能够看到细节,也能看到全局(既见树木,又见森林)。
- 孩子会认识自己和他人的优点和缺点。

* 注意上述目标何时能持续稳定地实现

了解孩子的舒适区活动

孩子的舒适区活动是指当你让孩子做他想做的事时,或者当他进入"自己的小世界"时,他会做的那些事情。一些常见的舒适区活动包括把东西排成一排,在眼前旋转玩具,以及对火车或恐龙这类玩具保有持久的兴趣。孩子会有他自己的特殊舒适区,所以要了解他的舒适区是什么。在PLAY游戏干预法中,我们并不总是把孩子"驱逐"出他的舒适区,而是学会加入他的游戏。**记住,关键点在于改善互动过程!** 这对家长来说可能是个挑战,而且家长有时必须对孩子的舒适区活动加以限制,因为它们可能完全阻碍了互动,并可能导致孩子被困在他的舒适区。

了解孩子的感觉运动概况

感觉运动概况指的是孩子通过七大感觉和运动来体验世界

孤独症孩子可能对某类玩具保有持久的兴趣

的独特方式。在了解了孩子的功能发展水平和舒适区活动后，我们还需要了解孩子的感觉运动概况，以便全面了解孩子的完整概况。仅仅在正确的功能发展水平上陪孩子玩耍是远远不够的，我们还必须了解孩子的感觉运动概况是如何影响其与他人互动、解决问题和参与日常生活活动的能力的。如果你了解你的孩子是如何接收和处理周围世界的信息的，你将获得宝贵的洞察力，从而了解哪些感觉体验对你的孩子来说是有趣的、有吸引力的，哪些感觉体验并非如此。**围绕你的孩子喜欢的感觉模式与他互动是帮助他取得进步的最佳方式之一**。关于孩子的感觉运动概况，你需要了解下述知识。

1. 七大感觉

几乎所有人与生俱来就有七大感觉，包括视觉、听觉、味觉、嗅觉、触觉、本体感觉和前庭感觉（空间运动）。然而，孩子和成人体验这七大感觉的方式因人而异。了解孩子如何通过这七大感觉处理和解读信息是很重要的，因为任何一种感觉出现问题都会明显影响孩子在各个功能发展水平上的能力。以下是对这七大感觉的简要描述。

- **视觉——孩子处理和解读周围景象的能力。**
- **听觉——孩子处理和解读周围声音的能力。**
- **味觉——孩子处理和解读味道的能力。**
- **嗅觉——孩子处理和解读气味的能力。**

- **触觉**——孩子处理和解读触感（即对物体的感觉等）的能力。
- **本体感觉**——孩子处理和解读通过肌肉和关节输入的信息的能力。
- **前庭感觉**——孩子处理和解读自己在空间中所处位置的能力。

2. 感觉处理困难

当一个孩子在处理、适当解释或回应感觉输入信息方面存在困难时，他可能会表现出感觉处理障碍（sensory processing disorder, SPD）的迹象。感觉处理障碍是一种复杂的神经系统疾病，会导致个体的中枢神经系统（大脑）和周围神经系统（身体）之间的连接出现缺失或不良情况。当这种情况发生时，孩子可能会表现出各种各样的症状，例如，一些孩子可能表现得笨手笨脚，而另一些孩子则表现出对某些气味或声音的强烈厌恶。患有孤独症谱系障碍的孩子也可能表现出感觉处理障碍的相关症状，且这种情况并不罕见。有时，这些症状可能仅仅表现为"不良"行为（如尖叫或逃跑），然而，在许多情况下，这些行为（或者说反应）可以追溯到感觉输入阶段。

3. 感觉处理障碍的亚型

以下是描述感觉处理障碍症状的几种不同方式。在PLAY游戏干预中，我们主要关注感觉反应过度、感觉反应不足、感觉寻求、姿势障碍、运动障碍和感觉辨别障碍。

- **感觉反应过度**——孩子可能对感觉输入信息表现出夸张或强烈的反应。
- **感觉反应不足**——孩子可能对感觉输入信息没有反应，或对感觉输入信息反应迟缓，或慢于普通孩子的平均反应。
- **感觉寻求**——孩子可能寻求过度的刺激或运动，并常常无法得到满足。
- **姿势障碍**——孩子在姿势控制方面有困难，以至于影响其站立、坐下或参与完成各种运动任务的能力。
- **运动障碍**——孩子表现出运动计划能力下降（即在精细和粗大运动的构思、排序和协调方面有困难）。
- **感觉辨别障碍**——孩子在准确理解各种刺激（即听觉、视觉、触觉等）的细微特征方面有困难。

通常很难确定孩子是如何通过**七大感觉**中的一种或多种来解读感觉输入信息的。当这种情况发生时，为了确定孩子对变化的反应，可以试着把每一种感觉分开。这里有一个例子。

- 如果你注意到每当有人在你的孩子旁边拍手时，你的孩子就会退缩或用手捂住耳朵，那么可以推测出他可能对声音或手快速移动的景象反应过度。
- 如果你注意到你的孩子对其他突如其来的巨大声音也有类似的反应，那么他很可能是对听觉输入信息做出了反应。因此，你的孩子可能对听觉输入信息反应过度，这意味着你、治疗师、教师等应该注意孩子所接触的听觉输入信息的数量、频率和持续时间。

4. 运动计划

运动计划（实践）包括三个部分：

（1）**构思**：产生一个想法/意图的能力。

（2）**运动计划**：大脑组织和排列运动动作的方式。

（3）**执行**：执行（实施）运动动作的能力。

- 参与运动计划的三种感觉包括触觉、本体感觉和前庭感觉。这些感觉使孩子能够对周围的感觉信息（如母亲的声音）做出反应。如果孩子的这三种感觉中的任何一种出现问题，他们就可能难以对声音、景象、气味等做出适当的反应。这是因为触觉、本体感觉和前庭感觉是基于运动的感觉，它们能够支撑孩子通过协调他们的意图和所需的运动动作（例如，转头、微笑和看向妈妈）来做出反应。

许多孤独症谱系障碍孩子能从作业疗法（occupational therapy, OT）服务中受益。作业疗法服务可能是你的孩子在早期干预或学校系统中接受的服务的一部分，但许多孩子还需要从社区的康复服务机构中获得额外的作业疗法服务。

了解你的孩子的功能发展水平、舒适区活动和感觉运动概况，可以让你选择最适合你的孩子的 PLAY 游戏干预法的技术和活动，从而更好地帮助你的孩子茁壮成长。从这些方面来了解你的孩子是非常有帮助的，因为这些信息也有助于解决你的孩子的其他问题，如睡眠问题或行为模式等。

环节 3：PLAY 游戏干预法的技术和活动

PLAY 游戏干预法的技术和活动致力于让你与孩子的玩耍变得有趣。现在你对孩子的功能发展水平、舒适区活动和感觉运动概况有了更好的了解，根据你的孩子的整体概况，你可以使用我们 PLAY 游戏干预法设计的 44 种技术中的一种或多种来与

孤独症孩子能从作业疗法服务中受益

你的孩子玩耍。PLAY 游戏干预法的技术可以帮助家长回答以下问题：**"我怎样才能使我的游戏更加有趣和多样化？"**

- 首先，我们介绍**"兔子洞技术"**，目的是帮助你吸引那些难以参与的孩子。
- 其次，我们列出了 PLAY 游戏干预法的 44 种技术，这些技术将帮助你在游戏中发挥更大的创造力、展示更多的智慧。
- 最后，我们根据孩子的功能发展水平列出了 PLAY 游戏干预法的活动。

提示！ 我们通常不会单独使用 PLAY 游戏干预法的技术，而是会与其他技术、PLAY 游戏干预法的策略和活动相结合，以创造具有"绵延"特性的有趣互动。记住 PLAY 游戏干预法的五种策略，即识别孩子的意图、等待孩子的想法、跟随孩子的引领、关注交流回合、将活动建立在孩子的兴趣之上，并尽可能让这些策略融入由孩子主导的有趣互动中。那现在我们就开始玩耍吧。

> **兔子洞技术**
>
> 兔子洞技术是为那些困在自己舒适区里的孩子准备的。"兔子洞"是我们对孤独症谱系障碍孩子特有的自我孤立症状的一种比喻，这种自我孤立症状是由其固执的、重复的、局限的和刻板的行为所造成的。兔子洞技术旨在减少这种行为。

"兔子洞" 是我们对孤独症谱系障碍孩子特有的自我孤立

症状的一种比喻，这种自我孤立症状是由其固执的、重复的、局限的和刻板的行为所造成的。

- 当孩子处于"兔子洞"状态时，他似乎不想成为世界的一部分。
- 固执和刻板的行为并非"不好"，而是孩子用来维持其世界的熟悉感和安全感的一种舒适形式。在 PLAY 游戏干预中，我们将这些行为称为舒适区活动。
- 舒适区活动有助于孩子在混乱的世界中进行自我调节（自我平静）；然而，它们可能变成习惯，使孩子保持孤立（即让孩子待在他们的"兔子洞"里）。
- 照顾者加入孩子的舒适区活动，可以让孩子参与到共同的活动中来（功能发展水平 2 的特点），随着参与度的增加，孩子的固执和重复行为自然会减少。这是兔子洞技术的目标。

六种兔子洞技术

1. 陪伴

简单的陪伴（即坐在孩子旁边或静静地观察孩子）是吸引孩子参与游戏的最温和的方式。你不需要马上做任何事。观察你的孩子，看看他到底在"打算"干什么（即他的想法是什么）。

遵循这一策略：识别孩子的意图。

2. 叙述

另一种温和的加入孩子的方式是对孩子的行为进行描述并提供流水账式的评论。把注意力集中在孩子正在做的事情上。这意味着你要观察并大声地说出孩子在做什么，听起来你就像是一个体育节目播音员一样。举一个例子，假设孩子正在玩涂色游戏，你可能会跟着他的游戏动作来叙述："……现在你在把帽子涂成红色。"**不要告诉孩子该做什么，也不要问问题。**你应该只描述孩子的行为。此外，如果孩子出现顽皮/不恰当的行为，请停止对他的关注。举个例子，如果孩子开始抱怨，你不要说："……现在你在抱怨。"在这种情况下，你要做的就是忽略这一不良行为（见第五站：如何处理孩子的行为问题）。

给予孩子简单的陪伴

3. 帮助孩子做得更好

例如，如果你的孩子在排列汽车，你可以递给他更多的汽车以添加到汽车队列中，或向他展示使用这些汽车的新方法。通过帮助孩子，你可以参与到孩子的活动中来，并与孩子有更多交流。

4. 模仿 / 平行游戏

做一些与你的孩子正在做的很相似的事情（看他是否会模仿你）。如果你的孩子正在排列他的玩具车，你可以开始在他的玩具车旁边排列一组汽车，但是要稍加一点变化（例如，朝相反的方向排列汽车）。模仿通常可以引导孩子注意到你正在

排列汽车

做的事情，从而使孩子获得共同注意、进行参与和互动，并促进交流。

5. 主题和变化

针对同一活动主题做一些不同的变化，例如，开关门这一主题的玩耍方式有很多，比如在打开门和关上门的时候唱一首歌，让门保持关闭状态直到孩子开始抱怨。关于这一主题，你能想到 10 种变换玩耍的方式吗？**记住，你想出的玩耍方式要有创意，要有趣！**

6. 改变感觉模式

如果孩子正处于"视觉"模式，如把车排成一排，那么你可以把车放在他的手臂上，这就把活动变成了"触觉"模式。记住孩子主要 / 首选的感觉模式（即视觉、触觉、听觉等）。

PLAY 游戏干预法的技术

如前所述，我们的 PLAY 游戏干预法设计了 44 种技术，并根据儿童所处的不同功能水平进行了分类。

PLAY 游戏干预法的技术：适用于处于功能发展水平 1 到 4 级的儿童

1. 陪伴 / 让孩子感受到你的存在
2. 感觉运动游戏
3. 让行为带有目的性
4. 口香糖拉拉乐
5. 主题和变化
6. 有指向性的语言
7. 模拟发声
8. 节奏和音乐
9. 嬉笑阻挠
10. 让孩子动起来

11. 奖励和强化
12. 带有期望的等待
13. 幽默感、悬念和惊喜
14. 找乐子
15. 大的、小的以及微小的交流回合
16. 命名
17. 添加一个或多个词
18. 提问和回答
19. 序列游戏／"小故事"
20. 一步指令和两步指令
21. 解决问题

PLAY 游戏干预法的技术：适用于处于功能发展水平 4 到 6 级的儿童

1. 模仿性假想游戏
2. 假想游戏：所有东西都活过来了（适用于处于功能发展水平 4 的儿童）
3. 假想游戏：一个主题（适用于处于功能发展水平 5 的儿童）
4. 假想游戏：两个主题（适用于处于功能发展水平 5 和 6 的儿童）
5. 多个回合的交流／连续的交流
6. "对"孩子说话和"替"孩子说话
7. 适当的语言
8. 时间概念
9. 简单的特殊疑问句：什么、哪里和谁
10. 更复杂的特殊疑问句：为什么和什么时候
11. 利用自然结果激发动机
12. 完成任务
13. 叙述和总结（适用于处于功能发展水平 6 的儿童）
14. 练习代词
15. 出游
16. 镜像—反射／命名感受
17. 示范同理心
18. 讨论人际关系（适用于处于功能发展水平 5 和 6 的儿童）
19. 戏剧化的表现
20. 三方示范：示范、排练、预期
21. 社交故事
22. 元认知策略／反思性思维
23. 心智理论

PLAY 游戏干预法技术的应用：适用于处于功能发展水平 1 到 4 级的儿童

以下 PLAY 游戏干预法技术的应用旨在改善孩子的共同注意、参与和双向交流情况。

1. 陪伴 / 让孩子感受到你的存在

定义：跟孩子处于同一个物理空间内，只是观察孩子在做什么或想做什么。

目的：帮助照顾者看清楚孩子在做什么或想做什么，从而帮助照顾者尊重孩子的想法。

例子：

- 当孩子进行舒适区活动时，靠近孩子坐下。
- 对孩子的行为进行评价 / 描述："你跳得好高啊！"
- 重复孩子发出的单词 / 声音。
- 满足孩子的愿望。
    - 一起打开或关上水龙头。
    - 递给他乐高积木、火车或书本，让他进行排列。
- 不要命令、指导、教导。
- 参考"兔子洞技术"（见第 62 页）。

2. 感觉运动游戏

定义：用肢体游戏的方式，通过各种感觉模式跟孩子建立联系。

目的：主要利用触觉、本体感觉和前庭感觉的互动来与孩子进行身体接触。

例子：

- 触觉：轻轻地挤压每一个手指，按摩后背，挠痒痒，摔跤和打闹。
- 视觉：吹泡泡，搭积木，翻书页，认数字、字母和颜色。
- 听觉：哼唱，打鼓，唱歌。
- 节奏：有节奏地拍打孩子背部，唱歌和跳舞。
- 运动：跳舞，让孩子骑在背上，在床上跳跃、玩耍。
- 本体感觉：按字母歌的节奏摇晃手臂，在床上蹦来蹦去。

与孩子玩肢体游戏

- 前庭感觉：把孩子放在旋转椅上，说"转"的时候旋转椅子，说"停"的时候让椅子停下来。

3. 让行为带有目的性

定义：当孩子做出某种行为的时候，家长把这种行为当作是带有目的性的（就算它本来可能没有）。

目的：让孩子看到他们的行为和其行为的功能或意义之间的联系。

例子：

- 当孩子开关门的时候，走到门的另外一边。在孩子开门时说"你好！"关门时说"再见！"即使他可能只是在开关门而已，并没有要打招呼的意思。
- 当孩子在搭积木的时候，说："哇，你在搭一座塔呀！"（孩子可能不懂你说的话，但他通常会明白你的语气。）
- 当孩子在倒水的时候，向他提供不同的容器，把倒水这件事变为一种"倒水游戏"。
- 当孩子在排列玩具的时候，给予每种玩具一种适合的声音（对小狗玩具说"汪汪"，对火车玩具说"呜……"）。

4. 口香糖拉拉乐

定义：像拉口香糖那样拉长与孩子的互动时间，让参与持续进行。

目的：延长与孩子的互动时间，加强人与人之间的社会联系。

例子：
- 通过放慢你的动作，尽可能长时间地保持目光接触。
  - 慢——慢——地拉长，拉长与孩子的互动时间。
- 在几个交流回合（来回互动）里故意装傻，然后询问孩子想做什么。
  - 慢——慢——地拉长，拉长与孩子的互动时间。
- 把玩具递给孩子，然后要回来，接下来试着拿走，让孩子跟你抢。
  - 享受"嬉戏打闹"的快乐，说"这是我的"，并温和地逗逗孩子。
  - 慢——慢——地拉长，拉长与孩子的互动时间。
- 当孩子拿到玩具之后，以火车为例，转动每一个轮子并为每一个轮子设定不同的有趣声音，使得面对面的交流持续下去。
  - 慢——慢——地拉长，拉长与孩子的互动时间。

5. 主题和变化

定义：针对同一活动主题做出一些不同的变化。

目的：当游戏陷入重复时，可为家长提供很多的想法。

例子：有哪五种方法可以玩转"门"这类简单的东西？
- 在门的另外一边玩躲猫猫，并说"你好！""再见！"
- 开关门时唱歌，如用儿歌《伦敦桥》（*London Bridge*）

的调子来唱："现在我要关门了，关门了，关门了……"
- 把手放在门缝里，轻轻地关上门，并说"哎哟！"
- 假装你的手是蜘蛛，正往门上爬，并弄出一些滑稽的声音。
- 用你的头去撞门，然后假装倒下"睡着"了。

6. 有指向性的语言

定义：那些对孩子来说有指向性的、有目的的语言。

目的：通过将词语和物体、动作和人联系在一起，帮助孩子理解关键词。

例子：
- 给每个活动命名，比如玩旋转游戏时说"转转"，在门后玩躲猫猫游戏时说"开门／关门"，等等。
- 使用表达顺序的语言，比如"1，2，3"以及"准备，预备，开始"……
- 等孩子熟悉之后，说"1，2……"后等待，看看孩子会不会自己说完这个序列。
- 重复关键词，比如"你还想玩吗？"
- 使用反义词（这是一个很好的使用有指向性的语言的方式）：关灯和开灯，关门和开门，等等。

7. 模拟发声

定义：模拟发出一些跟物体和动作相关的声音。

目的：帮助孩子增加对语言的理解，并建立以发声为基础的有趣互动。

例子：

- "呜呜呜"听起来像是汽车的声音。在玩汽车玩具的时候，你可以发出"呜呜呜"的声音。
- 当你说"上/高"的时候，你可以提高声调；当你说"下/低"的时候，你可以降低声调。
- 动物的叫声是拟声词：喵喵、汪汪、嘶嘶。
- 发出所有符合你所做的事情的声音。
    - 如果你用手臂托着孩子假装飞机飞行，你可以一边"飞"，一边发出"嗡嗡嗡"的声音。
    - 如果你在和孩子玩骑马游戏，你可以发出策马奔腾的声音。

8. 节奏和音乐

定义：用有节奏和音乐感的语言去跟孩子互动。

目的：帮助孩子增加对语言的理解，让游戏更加好玩。

例子：

- 在宣布某件事情/某项活动的时候，用儿歌的调子把要说的话唱出来，比如用儿歌《伦敦桥》的调子来唱："现在我们要出去了，要出去了，要出去了。现在我们要出去了，我的宝贝（孩子的名字）"。
- 唱儿歌，如《两只老虎》《小兔子乖乖》等。
- 把孩子"抱"在你的大腿上，一边上下摆动孩子的手臂，一边有节奏地数"1，2，3"。
- 在唱儿歌时，比如唱《老麦克唐纳有个农场》(*Old MacDonald Had a Farm*) 的时候，随着歌曲节奏轻轻地在孩子的背上拍打，就像击鼓一样。

9. 嬉笑阻挠

定义：照顾者开玩笑地不去做孩子想要做的事情，或者让孩子为得到他想要的东西而去付出努力。

目的：让互动更持久，获得更多来回的互动（即"交流回合"），

用手臂托着孩子假装飞机飞行

并让互动变得更好玩（孩子应该觉得好玩而不是感到受挫）。

例子：

- 挡住孩子的路，所以孩子必须想办法让你挪开。
- 当孩子想要某些东西时，你故意装傻，让孩子开启另一个交流回合（来回的互动）。
- 当孩子想开门时，你故意关上门。
- 在玩火车时，你"不小心"让火车出轨了。
- 参考下面"让孩子动起来"的技术。

10. 让孩子动起来

定义：照顾者要求孩子做更多的事情才能获得他们想要的东西。

目的：让互动更持久，增加交流回合（来回的互动）的数量，并帮助孩子学会解决问题。

例子：

- 当你认为孩子可以做到一些事情时，你可以使用声音、面部表情和故意的暂停示意孩子去做这些事情。
- 等孩子看向你时，你再把孩子想要的东西给孩子，例如，把东西紧紧地握在手里，等孩子看你的时候才松手给孩子。
- 故意装傻，让孩子展示或者告诉你自己想要什么。
- 期待孩子用语言表达自己想要什么东西，并耐心等待（"告诉我你想要什么？"）。

11. 奖励和强化

定义：当孩子表现良好时，照顾者以一种有趣的方式给予奖励，比如身体上的奖励（紧紧地拥抱孩子），某种外在的奖励（美食）或口头的表扬（"你表现得真棒！"）。

目的：奖励孩子的行为，让孩子把行为与愉悦的结果联系起来，从而鼓励孩子再次做出类似的行为。

例子：

- 口头表扬。
    - 比如"太棒了！""不错哦！"
- 当孩子主动做出回应(开启一个交流回合)时，用抱一抱、挠痒痒或玩肢体游戏的方式来奖励孩子。

以有趣的方式奖励孩子

- 对于孩子良好的表现给予及时的奖励，例如，当孩子学会用语言进行表达时，奖励孩子玩某种感觉运动／肢体游戏。

12. 带有期望的等待

定义：怀着期望的心情等待孩子做出回应或采取行动。

目的：通过等待孩子开启交流回合（发起交流）来增加孩子的主动性。

例子：

- 当孩子想要把另外一辆火车排列起来的时候，你可以把火车拿在你的手里，带有期望地等待孩子看向你，然后再把火车给孩子。
- 当你和孩子在玩一个有趣的游戏的时候（比如把孩子放在毯子里面荡秋千），带有期望地等待孩子示意要求继续玩的手势。
  - 慢下来，不要只是"取悦"孩子。
- 参考"嬉笑阻挠"这一技术和"让孩子动起来"这一技术。

13. 幽默感、悬念和惊喜

定义：使用幽默感、悬念和惊喜带给孩子有趣的期待。

目的：提高孩子的参与度，并让互动变得更有趣。

例子：

- 玩追逐游戏，比如，我要抓到你了。

- - 要表现得很夸张（但不要弄得太惊悚哦），你可以说："我……要来……抓你啦！"
- 把你的手抬起来做出爪子的形状，然后说："魔爪来了！魔爪来了！"接着快速地把你的"魔爪"伸向孩子的肚子。
- 让孩子按你的鼻子，然后突然发出很响的声音。
- 假装睡着了，然后在孩子靠近你的时候，你突然醒来。
- 把孩子抓进你设的"陷阱"中（把孩子圈在你怀里），然后让孩子逃走。
- 假装生气地说："嘿，你拿走了我的玩具，把它还给我。"

14. 找乐子

定义：寻找能增加互动趣味性的方法。问问自己，"在这种情况下，什么东西会让我的孩子感到好玩？"然后等待自发的灵感。

目的：以一种有趣的方式融入与孩子的互动中，增加孩子想要再次进行这种互动的可能性。这个技术也能增加人与人之间的积极联系。

例子：

- 故意表现得很滑稽。
  - 突然发出一种意想不到的滑稽声音。
- 和孩子闹着玩。
  - 假装撞了头，然后大声地说："哎哟！"

- 给孩子制造惊喜。
  - 做一些好玩的、出乎意料的事情。
  - 如果孩子在玩火车,把火车放到你的头上去。
- 在孩子面前演戏。
  - 假装难过地哭或假装高兴地在房间里面跳舞,让你自己看起来像一个滑稽的小丑。

15. 大的、小的以及微小的交流回合

定义:互动是由许多交流回合(发起和回应)组成的。交流回合有不同级别,从明显的到微妙的不等。大的交流回合是显而易见的。小的交流回合,比如目光接触,是难以察觉的。

陪孩子玩耍时,做一些好玩的、出乎意料的事情

而微小的交流回合，就像假笑或眼神打趣，则是最难意会和解释的。

目的：增加来回互动的次数和微妙程度。在进行互动的时候，照顾者必须关注交流回合的过程，以得到更多的交流回合。

例子：

- 握手是一个大的交流回合。目光接触是一个小的交流回合。目光含笑地注视他人和让握手持续更长的时间是微小的交流回合。
- 大的交流回合：你说"我要抓你啦！"然后孩子就跑开了……
- 小的交流回合：你追上孩子，并把孩子抱在怀里说"你想要玩挠痒痒吗？"然后孩子通过语言表达、眼神示意或肢体语言表示同意。
- 微小的交流回合：你举起手挠痒痒，并慢慢说："我……要……挠……痒……痒……现在……来咯！"以便使孩子能关注到每个词（然后突然间挠一下痒痒）。
- 参考"幽默感、悬念和惊喜"这一技术。

16. 命名

定义：给物体和动作命名。

目的：把词语跟事物联系起来，增加孩子对语言的理解。

例子：

- 给书本里面的物体、动物或人物命名。
  - "看，这是克里夫，那条大红狗。"
  - "山羊，绵羊，奶牛，老麦克唐纳！"
- 给书本里面的活动命名，比如，小狗在吃东西。
- 给身体部位命名。

17. 添加一个或多个词

定义：照顾者在话语中添加一个或更多的词。

目的：帮助孩子增加句子的长度，扩展他们的语言。

例子：

- 当孩子说一个词时，你回应孩子两个词；当孩子说两个

给书本里的物体、动物或人物命名

词时，你回应孩子四个词。
- 孩子说"去"，你可以说"出去？"
- 孩子说"起来"，你可以说"起来，妈妈！"或"抱我起来！"
- 想象一下，如果孩子能够说更长的句子，孩子会说些什么，并想想孩子下一个可能会说的词是什么。
- 在最后，你可以添加几个词："妈妈，请带我出去。"

18. 提问和回答

定义：照顾者通过提出问题来发起互动，接着回答这个问题，或者照顾者用疑问的语气说出一个词来表示提问，接着用肯定的语气说出这个词来表示回答。

目的：为孩子提供语言示范，帮助他们发展语言能力。

例子：
- 如果孩子想要一块饼干，你可以说"哦，你想要饼干吗？"（提问），然后当你把饼干递给孩子时，你可以说"给你饼干！"（回答）
- 你应该拉长/强调"回答"的词语的发音。
- "你想走？""我们走吧。"

19. 序列游戏/"小故事"

定义：创建孩子会感兴趣的且包含 2～4 个步骤的"事件序列"。

目的：与孩子一起从那些游戏般的活动中获得乐趣。相互关联的动作序列有"小故事"的性质，有助于孩子理解因果关系。

例子：

- 最简单的序列是两步序列，也被称为因果序列。
- （两步序列）孩子喜欢的上和下、开和关的序列。
- （两步序列）按下按钮，发出声音。
- （三步序列）把东西先放进去再倒出来是很好玩的，但你也可以通过说"噢，出来了！"来增加一个步骤。
- （四步序列）第一步，打开水龙头；第二步，发出"哗哗哗"的水声；第三步，关上水龙头；第四步，说"关上了！"
- 一个很有趣的例子就是"玩开关门序列"。
  - 首先，打开门，玩简单的躲猫猫，并说"你好/再见"。
  - 接着敲门并等待，然后把头伸进去说"开始躲猫猫啦"。
  - 接着再敲门，问道："（孩子的名字）在哪里？"继续玩简单的躲猫猫。
  - 最后再敲门，问道："（孩子的名字）在哪里？"继续玩躲猫猫，然后伸手抓住孩子，给孩子挠痒痒，再放开孩子，把门关上。
- 照顾者几乎可以把所有活动（包括刷牙、洗澡和穿鞋等日常活动）分解为一系列的动作序列。
  - 例如，刷牙有很多个步骤：拿出牙刷和牙膏（"牙刷在哪里啊？牙刷在这里！牙膏在哪里？牙膏在这里！牙膏来啦……"），把牙膏挤在牙刷上（"挤好牙膏了！"），等等。

20. 一步指令和两步指令

定义：一步指令和两步指令包括"拿、给、取""拿过来并给爸爸""把拖鞋拿给我""去厨房拿个杯子"，等等。一步指令和两步指令能让孩子同时把动作和语言联系起来。

目的：建立有意义的行动语言。这是孩子语言理解能力发展的里程碑。

例子：

- 让孩子去房间里拿一样东西，但不用手指向这样东西。
  - 如果孩子没有动，你可以在远处用手指向这样东西。
  - 如果孩子还是不动，你可以靠近这样东西，然后用手指向它。
  - 如有必要，把这样东西递给孩子并让孩子递给你。
- 让孩子把某样东西给你，接着你改变主意，让孩子把这样东西给其他人。
- 让孩子穿鞋子并要求换不同的脚，指导孩子："不是那只脚，是另一只脚！"
- 让孩子把球拿给爸爸/兄弟姐妹。
- 让孩子到别的房间去拿某样东西（两步指令）。

21. 解决问题

定义：制造一个孩子得自己想办法去解决问题的场景。

目的：帮助孩子产生新的想法并解决问题。

例子：

- 孩子想拿某样东西来吃。你带有期望地等待着，装傻（使用"让孩子动起来"的技术），于是孩子不得不拉你的手，把你带到放食物的橱柜旁边，用手指向自己想要吃的东西。
- 你说"到时间了，要走了"，说完你就在旁边等着，于是孩子站起来，把自己的鞋子拿过来给你。
- 孩子在排列火车，你把一辆火车拿在手上，等孩子看向你并伸手过来从你手上拿走火车。

和孩子一起排列火车

- 参考"嬉笑阻挠"这一技术和"让孩子动起来"这一技术。

PLAY 游戏干预法技术的应用：适用于处于功能发展水平 4 到 6 级的儿童

以下 PLAY 游戏干预法的技术的应用旨在促进双向交流、分享意义，以及促进情感思维的发展。

就算是对于功能发展水平较高的孩子，我们也极少采用某一种单一的技术，而是会把 PLAY 游戏干预法的其他技术、策略和活动结合起来以创造具有"绵延"特性的有趣互动。记住 PLAY 游戏干预法的五种策略，即识别孩子的意图、等待孩子的想法、跟随孩子的引领、关注交流回合、将活动建立在孩子的兴趣之上，并尽可能让这些策略融入由孩子主导的有趣互动中。那现在我们就开始玩耍吧。

1. 模仿性假想游戏

定义：孩子模仿照顾者的示范进行简单的假想游戏。

目的：促进孩子早期象征性想象力和模仿能力的发展，使孩子在功能发展水平 4 这一阶段能完成更高水平的假想游戏和功能发展。

例子：

- 用水瓶喂娃娃喝水。
- 模仿汽车启动发出的声音。

- 让小动物们围坐在小桌子旁边，假装给它们喝茶。
- 跟娃娃一起演戏。
  - 让它们倒下并说"哎哟！"
- 创建孩子能够掌握的简单重复的序列类活动。
  - "嗨，我是一辆汽车。我要开走了。"接着假装汽车在地板上和空中奔驰。
- 指向动物的图片，说出动物的名字，接着发出动物的声音。

2. 假想游戏：所有东西都活过来了（适用于处于功能发展水平 4 的儿童）

定义：假想游戏的一种形式，即把所有东西都当作是有生命的个体去对待。

目的：促进假想游戏的开展和发展想象技能。

例子：

- 在玩某种物品时，用滑稽的声音赋予其个性。
  - 餐桌上的盐瓶可以说："嘿，我在这。快摇我吧！"
  - 让牛奶像人一样在餐桌上慢慢走一圈，并说："嗨！你会喝掉我吗？"或者"不！不要，不要喝我啊！"
- 让所有东西都"活过来"。

3. 假想游戏：一个主题（适用于处于功能发展水平 5 的儿童）

定义：包含一个想法的假想游戏（不包括有两个想法的故

事）。与年幼的孩子进行的模仿性假想游戏（参考"模仿性假想游戏"这一技术）相比，这才是真正的假想游戏。

目的：促进孩子想象力和社交互动能力的发展，使孩子与同伴和成人进行有趣的互动。为更为复杂的包含两个主题的假想游戏做准备。

例子：

- 给一个大嘴巴木偶喂不同种类的塑料食物。
  - 注意：虽然你们喂了好几种不同的食物，但这仍然是一个主题——喂木偶吃东西。
- 用一套医生玩具给娃娃打针、听心脏。

玩给娃娃打针的游戏

- 注意：孩子不是在扮演医生的角色，那是"两个主题的假想游戏"（参考下面的内容）。
- 击剑（不是"好人和坏人"的游戏，那是"两个主题的假想游戏"）。
- "我是怪兽，我要来抓你啦！"（以"追逐"为单一主题的假想游戏）。
- 带着小玩偶坐巴士。

4. 假想游戏：两个主题（适用于处于功能发展水平 5 和 6 的儿童）

定义："两个主题的假想游戏"是指用两个相互关联的想法来创造一个故事，可以包括角色扮演和虚构故事等内容。

目的：提升孩子的想象力、创造力和解决问题的能力以及孩子与他人进行高水平游戏的能力。

例子：

- 扮演医生。
  - 医生敲门并进入房间。
  - 病人（可以是孤独症孩子或其他人）说："医生，我生病了。我需要你的帮助。"
  - 医生说："我会帮你的。"
  - 剧情可以包括量体温或害怕打针等。
- 与玩偶玩过家家的游戏，你和孩子各拿一个玩偶在手里，问手里的玩偶想要吃什么或喝什么。

- 玩"好人和坏人"的游戏。
  - "我要把你这个坏人抓住,让你去坐牢。"
  - 请注意这里有两个想法:坏人和坐牢。
  - 你可以说明坏人为什么是坏人(因为他们做坏事,比如偷钱)。
  - 这个剧情可以包括追捕、抓住、逃跑等——要让游戏有趣。

5. 多个回合的交流 / 连续的交流

定义:包含有很多个(目标是 20 ~ 30 个)来回互动的连续交流,且这种交流是"平衡的",即每一个人都会以一种发起—回应的自发方式轮流引导互动。

目的:巩固孩子在功能发展水平 1 到 4 级的能力,为孩子进行更成熟的社交互动做好准备。

例子:

- 在开始的时候,孩子可能大部分时间都只是进行封闭式的交流回合(即单向回应)。因此,你要学会等待,鼓励孩子行动起来并开启一个新的交流回合。接着要回应交流回合,让互动继续进行,努力得到一个来回的、连续的、没有中断(非片段性)的互动。
- 无论你在和孩子做什么,都应一次又一次地寻求来回互动——就这样让互动连续地进行。
- 利用自然动机，比如准备去洗澡，来进行连续的交流。
  - 让孩子去做所有的事情（开灯、开水龙头等）。
  - 一直回应交流回合，当准备好要洗澡的时候，你和孩子能完成 10～20 个交流回合。

6. "对"孩子说话和"替"孩子说话

定义：当成人对孩子说话的时候，他们应该采用完全正常的语气、句法和节奏（不要用童言童语或过分简化的语言）。当成人替孩子说话的时候，他们应简化用语并模仿孩子会使用的语言。

目的：提升孩子的语言技能。对孩子说话时，示范正常的语言；替孩子说话时，帮助孩子提升语言技能。

例子：
- 准备上车。
  - 你对孩子说："来吧，宝贝。让我们穿上鞋子，准备出发。"
  - 孩子明白了，说："走？"
  - 现在你要替孩子说："没错，走了，拜拜。"
  - 孩子说："走了，拜拜。"
  - 你替孩子说："耶，走吧，拜拜，上车啦。"
  - 孩子说："上车啦，走吧，拜拜。"
  - 你对孩子说："嗯，让我们上车，然后说拜拜。"

- 当孩子说"起床！"时，你可以替孩子说："爸爸，起床啦。"
- 当孩子说"出去！"时，你可以替孩子说："妈妈，出去吧。"接着你可以对孩子说："让我们出去玩吧。"
- 可以参考下述技术：
  - "三方示范：示范、排练、预期"这一技术。
  - "适当的语言"这一技术。
  - "添加一个或多个词"这一技术。
- 孩子是以主谓宾的句法结构为基础来发展语言能力的。当你帮孩子建立句子结构的时候，可以使用主语加动词，如"波比，走吧"。也可以使用动词加宾语，如"上车？"或者是主语加宾语，如"波比，（上）车"。

7. 适当的语言

定义：用自然的语调和节奏以及完整的句子说话，即不要用童言童语或过分简化的语言。

目的：让孩子接触完全正常的语言环境，帮助孩子从较简单的语言模式（参考"突出的语言"这一技术）泛化到更复杂的语言模式。适当的语言也能提升互动的质量，给互动赋予象征意义和情感意义。

提醒：不要说孩子难以理解的语言。

例子：

- 不要说"出去？"而是说"嗨，宝贝，让我们来准备一下，到时间了，要出去了"。

- 不要说"要吃吗?"而是说"你想吃什么?"接着你可以提供选择,继续说"让我们来看看,我这里有酸奶,或者你想吃香蕉吗?"
- 不要说"去公园?荡秋千?"而是说"我有个好主意,我们去公园荡秋千吧"。接着你可以按照"有指向性的语言"这一技术对语言进行简化,继续说"去公园?荡秋千?"

8. 时间概念

定义:使用时间表和日历帮助孩子理解时间。

目的:帮助孩子安排时间,从而使孩子对时间的真实性建立初始感受。时间安排带来的可预测性和条理性可以让孩子感到很安心。

与孩子对话时使用完整的句子,如"我们去公园荡秋千吧"。

例子：

- 在日常生活中使用日历、时间表、时钟和季节等概念。
- 使用"昨天、今天、明天、待会儿"等与真实生活事件相关的词语。
  - "待会儿我们去吃冰淇淋。"
- 参考"更复杂的特殊疑问句：为什么和什么时候"这一技术。

9. 简单的特殊疑问句：什么、哪里和谁

定义：简单的特殊疑问包括以"什么""哪里""谁"开头的疑问句。处于功能发展水平 5 的孩子通常能回答这些问题。

目的：帮助孩子在更高的功能发展水平上取得进步（把词语和现实联系起来）。

例子：

- 你指着一张动物图片问："这是什么？"孩子说："小狗。"
- 你拿出一位家庭成员的照片问："这是谁？"孩子说："奶奶。"
- 你问："你的鞋子在哪里？"孩子就去把鞋子拿过来。
- 更高级的特殊疑问句所提出的问题被称为"开放式问题"，例如，"你想吃什么？"以及"你想去哪里？"
  - 甚至还有更高级的特殊疑问句，例如，"你在想什么？"
- 注意：言语语言病理学家（中国有语言治疗师）能帮助孩子提高这些语言技能。

10. 更复杂的特殊疑问句：为什么和什么时候

定义：更复杂的特殊疑问句包括以"为什么"和"什么时候"

（以及"如何"）开头的疑问句。处于功能发展水平 6 的孩子通常能回答这些问题。

目的：帮助孩子提高抽象语言能力。

例子：

- 提出以及回答以"为什么"开头的疑问句的能力出现在理解"为什么"这类问题的含义之后。"为什么"这类问题的出发点是把两种想法有逻辑地联系在一起，举一个例子，"我们不能出去了，因为外面在下雨，我们会被淋湿的。"
- 在开始的时候，孩子不会问："为什么我们不能出去？"孩子可能会哭喊着说："为什么！"
- 孩子也不会回答"为什么我们不能出去？"这一问题，

为什么下雨了不能出去，帮助孩子理解其中的联系

但孩子会明白当外面下雨的时候，自己会被淋湿。
- 这里的重点是帮助孩子把两种想法有逻辑地联系起来。
  - 小狗很难受，因为它撞着头了。
- 我们会用下面的问题来测试孩子是否达到了功能发展水平 6："当你觉得饿了/渴了/困了，你会做什么事情？"如果孩子能回答，那么孩子已经处于功能发展水平 6 了。
- 以"什么时候"开头的问题也一样。"什么时候"包含了时间，意味着孩子要具备能够回忆刚刚发生的事情的能力，例如，如果孩子能回答"你中午吃了什么？"这一问题，这就意味着孩子对时间的真实性有了概念。
- 按顺序排列的图片或时间表对孩子来说会有帮助，例如在安排出行的时候，这类工具很有用。
  - 首先，我们做这件事情，然后我们做那件事情。
  - 使用"首先/然后"等表示顺序的词语，例如，首先，我们会到商店，然后我们会买冰淇淋。

11. 利用自然结果激发动机

定义：使用原因和结果来解释为什么要做某事或为什么应该做某事。

目的：加强孩子对抽象概念的理解，并且帮助孩子通过动作、感觉和后果进行推理。

例子：
- "如果你想出去玩，你就要把衣服穿好并且得吃完早餐。"

- "如果你希望像超级英雄一样强壮，你就得好好吃饭。"
- "你该睡觉了，这样你才不会觉得累。"
- "如果你和弟弟分享，他也会和你分享的。"
- "如果你不想你妹妹碰你的玩具，那你就得把它们收好。"

12. 完成任务

定义：不允许孩子忽视或逃避问题，而是鼓励/主张孩子完成手上的事情。

目的：促进孩子在更高的功能发展水平上发挥自身功能，从而培养孩子的遵从性。

例子：

- 当你喊孩子名字的时候，确保孩子会做出回应。不要让孩子忽视你！
- 让孩子以"正确的方式"说话。
- 在正确性和遵从性方面对孩子提出要求。
- 一旦孩子开始做某件事情，例如，搭建乐高模型，收拾玩具，准备上床睡觉，等等，鼓励孩子完成任务。

13. 叙述和总结（适用于处于功能发展水平 6 的儿童）

定义：以有意义的方式把句子连接起来，形成更长的交流单元，比如段落。

目的：促进儿童更复杂的语言能力的发展，特别是那些能把句子串在一起的、具有更强语言能力的儿童。

例子:

- 在和孩子一起阅读的时候,你可以提出更多的问题,而不单是问"是/否"的问题或让孩子命名某样东西。
  - 你可以用这些问题提问:"这里发生了什么事情?""还有什么?""告诉我你看到的三件事情。"
- 随着孩子的进步,孩子应该能够简单总结故事内容。
- 最后,孩子应该能够向你叙述自己一天或最近的经历。
- 参考"出游"这一技术。

14. 练习代词

定义:帮助孩子学习分辨你和我、他和她、他们和她们等

和孩子一起阅读,提出更多的问题

代词。

目的：帮助孩子学会正确地使用代词。

注意：对于孤独症孩子（以及学习外语的人）来说，正确使用代词是很困难的，他们需要通过练习才能掌握。家长也可以向专业的言语语言病理学家寻求帮助。不过在假想游戏和日常生活中反复清楚地使用代词对孩子还是非常有帮助的。

例子：

- 以接受性语言开始："把它给我/他。"或者"你拿着它。"
- 替孩子说出来："我拿到它了。"
- 用木偶玩代词游戏。
    - 你："木偶，过来，**给你**。"

用木偶和孩子玩代词游戏

- 木偶:"我不想要。**你**拿着。"
- 你:"哦,不,不,不,**你**拿着或给**他**(另外一个木偶)。"
- 你同样可以用木偶玩"**我的**"或"**你的**"游戏。

15. 出游

定义:带孩子去一些有教育意义和能够增长见闻的地方游玩。

目的:巩固孩子对于时间、事件、物品、地点、活动以及真实和假象之间的区别的象征性理解。

例子:

- 出游可以分为三个步骤,包括:
  - 阅读/学习有关某个地方(如动物园、农场、建筑工地等)的资料。
  - 外出游玩。
  - 回来后谈论游玩经历。

16. 镜像—反射/命名感受

定义:成人把孩子的感受一五一十地说出来,而不是询问孩子的感受。

目的:帮助孩子命名和理解自己以及他人的感受。

例子:

注意:这一技术需要成人留意孩子在日常生活中通过其肢体语言所表达的感受。

- 镜子不会问"你生气了吗?"而只会陈述事实:"你生气了!"

- 使用能准确表达孩子感受的词语，并且根据孩子感受的强烈程度变换声调。
- 想象一下，如果孩子能告诉你自己的感受，孩子会说些什么。
  - "我不喜欢这些食物，我不想再吃了！"
  - "我还想继续看电视节目！我不想停下来！"或者更加简单："妈妈，我不吃晚餐！我要看电视！"
- 孩子非常生气，因为他的弟弟拿走了他的玩具。你可以说："那是我的玩具！别动它！！"
- 其他例子：
  - "咦！这很有趣！"
  - "我不喜欢它！"
  - "停下来，妈妈，求求你！"
- 看起来我们似乎在鼓励孩子无礼，其实并非如此。
- 孩子要能够适当地"顶嘴"，即使是愤怒地"顶嘴"，这一点非常重要。（参考"讨论人际关系"这一技术）

17. 示范同理心

定义：了解其他人的感受并且带有同理心地对他人的感受做出适当的回应。

目的：促进孩子重要社交技能的发展，包括孩子关爱他人的能力。这一技术也能帮助孤独症孩子融入真实的社会情境。

例子：

- 首先，为孩子示范同理心（参考"镜像—反射/命名感受"这一技术）。
  - "你感到很生气！"或者"宝贝，这很有趣！"
- 镜像—反射/命名感受。
  - "你妹妹很难过。我们做些什么可以让她好受一点呢？你把她手上的玩具拿走了，她没有东西玩了。"
- 画出表情图。
- 跟木偶玩耍的时候，假装"悲伤""生气""快乐""害怕"。
- 通过清楚的面部表情表达你的感受，然后用简单的语言说出你的感受。
  - "你不应该打妈妈。这让我很生气和难过。"
- 把感受融合到简单和复杂的假想游戏中。
- 书本里面会有很多关于他人感受的描述，所以可以通过阅读来培养孩子的同理心。

18. 讨论人际关系（适用于处于功能发展水平5和6的儿童）

定义：确保孩子理解人际关系，能够打招呼、使用礼貌用语并进行角色转换。

目的：培养孩子的社交技能。

例子：

- 了解人际关系的界限，并帮助孩子也了解这些界限，尤其在与人碰面、分开和转换场景的时候，我们应该怎么做。

- 不要让孩子在连招呼都不打的情况下中断互动，你可以提醒说："嘿，你去哪儿？"
  - 如果有人不发一言突然从你身边离开，你会觉得很奇怪。
  - 在孩子中断互动时，期望孩子说"我都完成了"或"我不想再玩了"（或者你替他们这么说）。
- 和孩子一起预览你们即将要做什么和回顾你们刚刚做了什么，这是帮助孩子理解人际关系的好方法。
  - "我们首先玩小火车，接着玩追逐游戏，然后玩击剑！"

阅读可以培养孩子的同理心

- "我们玩了小火车,又玩了追逐游戏,还玩了击剑。我们一起玩太开心了!"
- 一起做计划,也称为"密谋"。
  - "好吧,你扮好人,我扮坏人,你把我抓进监狱吧。"
  - "我们应该如何扮演好人和坏人呢?"

19. 戏剧化的表现

定义:夸张地表达感受和动作,以强调其中的意义。

目的:帮助孩子理解感受和情景。

例子:

- 用表情表达你的感受。
- 使用夸张的手势或更具戏剧性的声音来表达你的观点。
- 戏精上身:
  - 当孩子不听指令的时候,你可以装哭:"我不过想让你收拾玩具而已(呜呜),你竟然不愿意!"
  - 或者当孩子不愿做某事时,你可以带着哭腔说:"拜托了,拜托你帮帮我吧!"

20. 三方示范:示范、排练、预期

定义:人们相互之间重复某项活动以示范某种行为。

目的:帮助孩子模仿和明白某项活动的实质;排练这些活动并且设立预期;展示那些孩子即将要学习的更为复杂的社交技能。

例子：

- 在玩接球游戏的时候，把球扔出去：
    - 示范：与其他两个人传球时，妈妈可以说："爸爸，接球！"
    - 排练：爸爸可以说："来，妈妈，接球！"妈妈接着说："雅各布，接球。"
    - 预期：爸爸把手伸出去接球，雅各布把球扔给爸爸。这一预期达成就意味着三方示范获得成功！
    - "预期"意味着期待孩子在真实的生活场景中使用所训练的技能。
- 这样的练习也可以用木偶、娃娃或其他玩具等来完成。

和孩子玩接球游戏

- 当学习"你好"和"再见"的时候,先让娃娃来说这些问候语,然后家长也会这样做,并期待孩子也会这样做。

21. 社交故事

定义:社交故事是由卡罗尔·格雷(Carol Gray)创建的。社交故事是指利用简单的和描述性的思维方式去表达想法的故事,可以帮助孩子应对生活中方方面面的问题。

目的:帮助孩子发展更加成熟的思维方式和感受世界的方式。社交故事可以缓解孩子的恐惧情绪,满足孩子的需求和愿望,帮助孩子了解自己的感受,并学会掌控自己的行为,且相对其他技术而言,这一技术可以帮助孩子更快地学习如何应对困难。

例子:
- "关电视"的社交故事(这个故事可以跟相应的图片一起使用):
  - 当我看电视的时候,我一点也不想停下来!
  - 当我妈妈说"要吃饭了,关电视吧"的时候,我很生气。
  - 但如果我把电视关了去吃饭的话,我可以在吃完饭之后继续看电视。
  - 如果我大喊大叫的话,电视肯定也会被关掉的。
  - 如果我发脾气的话,吃完饭后我也不可以再看电视了。

- 虽然我不高兴，但我还是关了电视去吃饭。
- 想要获取关于这一技术的具体内容，可以访问卡罗尔·格雷的个人网站。

22. 元认知策略 / 反思性思维

定义：用语言来谈论自己对压力、新想法、某种强烈的感受或者不寻常的情况等的想法。

目的：帮助孩子发展更高级的思维能力；提高自我意识；了解如何缓解压力、兴奋，以及如何应对濒临崩溃的感受。

例子：

- "我们今天要玩什么？"
- "在我们的假想游戏中，接下来会发生什么？"
- "你知道，当你发脾气的时候，你是不会得到你想要的东西的。那我们应该怎样去解决你的烦恼呢？"
- "你看起来有点担心。你在想什么呢？"
- "我们应该如何对待你的妹妹呢？她一直在打扰你。"

23. 心智理论

定义：能够理解他人的感受和想法，并能在社会交往中运用这些知识。

目的：帮助孩子明白其他人有自己的想法。

例子：

- 跟孩子分享你的想法：

- 你可以说："嗯，我在想今天我们可以做点什么好玩的事情呢？我知道了。我们去公园吧！"
- 爸爸可以说："我很伤心。妈妈一直在上班。我想她了。"
- 你可以说："我想我们的小狗饿了。菲多（狗狗的名字），你饿了吗？（菲多在摇尾巴）。看，它在摇尾巴。它饿了。我们应该给它点东西吃吗？"

- 玩"我用我的小眼睛看"这个游戏。例如，"我用我的小眼睛看到一些红色的东西！你能猜到是什么吗？"
- 让木偶说出它们的想法和感受。
  - 让木偶说："我真的好喜欢吃冰淇淋啊。我感到不开心，因为我没有冰淇淋吃。"木偶发脾气了。
- 参考"示范同理心"这一技术。
- 参考"镜像—反射/命名感受"这一技术。

当我们以一种有趣的方式成功地让孤独症孩子参与进来后，他们就会自然而然地让活动进行下去。随着时间的推移，他们会更想与你及其他人相处，而不是跟玩具待在一起。他们的游戏模式将从感觉游戏过渡到序列游戏，再过渡到假想游戏。

根据儿童所处的功能发展水平开展活动

处于功能发展水平1和2的儿童适合玩感觉运动和因果游戏	• 深压[1]，跑，跳 • 排列或视觉刺激 • 挠痒痒/轻触 • 打开/关闭，向上/向下
处于功能发展水平3和4的儿童适合玩序列游戏和简单的假想游戏	• 追逐游戏，躲猫猫 • 唱着歌玩游戏，如唱着儿童歌曲《编玫瑰花环》（Ring Around the Rosy）玩游戏 • 喂娃娃，玩撞车游戏 • 摔跤
处于功能发展水平5和6的儿童适合玩主题类假想游戏	• 玩装扮游戏，如盛装打扮去参加茶话会 • 玩击剑和好人与坏人对战的游戏 • 玩捉迷藏的游戏 • 玩鸭子–鸭子–鹅游戏（类似于"丢手绢"游戏） • 玩角色扮演的游戏，如扮演医生、老师等

通过了解你的孩子的整体情况，包括孩子的功能发展水平、舒适区活动和感觉运动概况，你能够选择适当的技术和活动来帮助你的孩子在功能发展方面取得进步。**技术和活动不是按孩子的年龄来选择的，而是按孩子所处的功能发展水平来选择的。**

> 请记住，策略比技术或活动更重要，这一点很重要。活动是我们的想法。家长当然可以对活动的形式有自己的想法——但你关于活动的想法必须要有趣，而且要具有吸引力。

尽管如此，**孩子的想法才是最好的想法**。因此，在游戏过程中要始终密切关注孩子的意图。（后文附录部分"PLAY游戏

---

1 此处游戏内容为深压刺激，给予孩子本体感觉输入，包括但不限于用力拥抱孩子，用物品挤压孩子身体等。——译者注

干预法清单：适用于处于功能发展水平 1 到 3 级的儿童"有助于家长了解孩子的意图）你的孩子可能喜欢堆积木，但如果你试图和他一起盖房子（你的想法 / 活动），而他真正想要的是看到积木越堆越高，或者听到堆叠积木时发出的咔嗒声，你就会错过一个很好的互动机会。做一名侦探，了解你的孩子喜欢什么，然后陪你的孩子开心玩耍吧！

PLAY 游戏干预法的活动：根据不同功能发展水平开展不同活动

在了解了孩子的功能发展水平、舒适区活动和感觉运动概况后，家长可以将 PLAY 游戏干预法的技术、策略与 PLAY 游戏干预法的活动结合起来与孩子进行有趣的玩耍，尤其是要根据孩子的功能发展水平开展适当的活动。

陪孩子堆积木时，了解孩子的意图

功能发展水平 1：自我调节和共同注意

目标：帮助孩子保持注意力，并进行自我调节(创造一个最佳环境，并减少干扰因素)。

注意：有些活动可能不仅适用于一个功能发展水平。

活动：感觉运动游戏

- 给孩子一个大大的拥抱或给孩子身体的不同部位施加压力
- 给孩子按摩(使用/不使用乳液)
- 轻柔地按压孩子的手指、脚趾和头等部位
- 轻轻摇动孩子的手臂、腿、手和脚等部位
- 抱着孩子跳舞
- 用毯子裹住孩子荡秋千
- 让孩子骑在你的背上或者肩膀上
- 在孩子的手臂、背部和腹部等部位挠痒痒
- 边玩游戏边唱歌
- 把孩子举到空中，让孩子转着圈"飞行"
- 用音乐来安抚或唤醒孩子
- 跟孩子一起玩橡皮泥或玩偶
- 发出有趣、滑稽的声音
- 做鬼脸来吸引孩子的注意力
- 轻轻地、有节律地拍打孩子的背部

功能发展水平 2：参与和联系

目标：加入孩子的活动中并保持持续的参与

活动：

- 用手遮住眼睛与孩子玩躲猫猫的游戏
- 为孩子唱歌，并暂停让孩子参与进来
- 说出孩子正在做的事情，并在你的声音中加入节奏感
- 与孩子拥抱，抱一抱停一停，再抱一抱停一停

- 跳舞和旋转
- 给孩子挠痒痒
- 打开和关上水龙头
- 开灯和关灯
- 让孩子在把玩中感受盆子里的大米和豆子
- 陪孩子玩橡皮泥
- 用毯子裹住孩子荡秋千或抓住孩子的手和脚摇晃孩子
- 使用玩具或镜子来吸引孩子的兴趣
- 玩骑马游戏
- 当你仰卧时,让孩子坐在你的腿上,并用腿把孩子举到空中
- 把孩子倒立一小段时间
- 轻轻地摔跤
- 演示简单的 1~2 个步骤且具有相反意义的活动:打开和关上手电筒,问候和告别游戏,打开并夸张地合上一本书,等等

功能发展水平 3:简单的双向交流和目的性

目标:与孩子一起开启和回应交流回合,并鼓励孩子主动开启交流回合。
活动:

- 玩气球游戏(例如,来回打击气球,或者吹气球并让它们在房间里飞,等等)
- 说出身体部位的名称,等待孩子的指示(接下来要干什么?)
- 用毯子裹住孩子荡秋千或用毯子拖拉孩子
- 用毯子当降落伞
- 像飞机一样飞行,然后撞上沙发
- 在床上将孩子翻转过来
- 爬过隧道,在另一侧等待孩子
- 玩简单的追逐游戏
- 开展"准备,预备,开始"或"1,2,3"的活动
- 一起跳舞
- 一起蹦蹦跳跳
- 嬉笑阻挠:在玩重复游戏和躲猫猫游戏时阻挠孩子
- 堆积木并推倒它们
- 玩玩偶匣
- 给大嘴巴木偶喂食物

- 玩一些可飞起来或开走的玩具，比如汽车、飞机、直升机等玩具
- 玩水枪或水球
- 躲在毯子下面或门后玩躲猫猫游戏
- 使用奖励活动（例如，奖励零食或外出玩耍）来激发孩子的主动性，开启手势交流
- 吹泡泡，等着孩子要求吹更多泡泡
- 开始唱一首歌，然后等孩子唱完

功能发展水平 4：复杂的双向交流、社交问题解决和自我意识

目标：使孩子参与到长时间的有来有往的互动中，包括有意义的交流、解决问题、简单的假想游戏和序列游戏等。

活动：

- 玩一些具有相反活动的假想游戏（例如，开 / 关灯，汽车进 / 出车库）
- 玩简单的木偶游戏（即让木偶张嘴说"啊"或"嗨"）
- 玩"不要吵醒爸爸！"的游戏
- 用手指作画
- 让孩子指出他和游戏伙伴身上的各种身体部位
- 介绍动物 / 汽车的声音
- 让孩子重复声音
- 假装打电话（例如，"喂，谁在那里？"）
- 拼拼图和玩认识形状和颜色的益智类游戏——记住要保持趣味性
- 躲在毯子或家具后面玩简单的捉迷藏游戏
- 看书，谈论书上出现的事物
- 问一些简单的以"什么""哪里"开头的问题
- 在轨道上推火车 / 汽车
- 拔河比赛
- 唱儿童歌曲，如《编玫瑰花环》、《头、肩膀、膝盖和脚趾》（*Heads, Shoulders, Knees and Toes*）、《蛋头先生》（*Humpty Dumpty*）、《伦敦桥》等

- 让孩子解决一些简单的问题（例如，汽车被卡住了，小马摔伤了，宝宝饿了，等等）

功能发展水平 5：分享意义和象征性游戏

目标：鼓励孩子更好地了解自己的情绪，提升孩子进行假想游戏和象征性思维的能力，以及孩子与他人交谈和沟通的能力。

活动：
- 进行规则简单的比赛
- 玩"红绿灯"游戏
- 玩接球游戏
- 一起涂色并谈论你们正在涂色的内容
- 玩木偶游戏（即让木偶说话，并进行象征性互动）
- 假装愤怒，假装哭泣，假装害怕，等等
- 用塑料食物布置餐桌
- 假装给动物洗澡
- 给娃娃换尿布，让它上床睡觉
- 开一个茶话会
- 演绎简单的故事
- 玩捉迷藏游戏
- 玩丢沙包游戏
- 接球 / 踢橄榄球
- 踢足球
- 击剑
- 玩"鳄鱼牙医"的游戏
- 玩"不要破冰"的游戏
- 玩"不要让豆子溢出来"的游戏
- 建房子 / 搭积木
- 让木偶打嗝
- 假装摔倒并说"哎呀！"
- 玩简单的"西蒙说"的互动游戏
- 以熟悉的人物或动物为原型玩装扮游戏
- 玩简单的"跟着领导走"的游戏
- 玩棋盘游戏（不超过两条规则）
- 提出开放式问题
- 鼓励同伴玩耍 / 半结构化的同伴聚会

功能发展水平 6：情绪思维、逻辑和现实感

目标：帮助孩子理解复杂情感、时间概念、公平性及其他抽象概念。支持孩子在复杂的模拟场景中与同龄人和成人互动，并且对所有参与者的感受和想法给予适当的回应。帮助孩子建立想法之间的联系。

活动：

- 玩"我是小间谍"的游戏（iSpy，类似于"你说我猜"的游戏）
- 用木偶/毛绒公仔进行角色扮演
- 玩"扮演医生"的游戏
- 讲"敲门笑话"（knock-knock jokes，用谐音造句，达到幽默的效果）
- 玩捉迷藏的游戏
- 玩击鼓传花的游戏
- 玩抢椅子的游戏
- 玩鸭子－鸭子－鹅游戏类似于"丢手绢"游戏
- 玩猜谜游戏
- 玩过家家的游戏
- 假装野餐
- 假装探险
- 寻宝游戏
- 寻物游戏
- 完成复杂的障碍赛
- 用各种情绪和动作玩猜谜游戏
- 阅读和分析故事/书籍
- 谈论电影和人物角色
- 让孩子讲故事
- 玩井字游戏
- 进行有规则的运动
- 玩糖果乐园的游戏
- 玩"滑梯棋"游戏（Chutes and Ladders，一款数字启蒙桌游）
- 玩皆大欢喜游戏（Go Fish，一款纸牌游戏）
- 玩宾果游戏（Bingo，一种美国游戏）
- 玩记忆游戏
- 玩"猜猜我是谁"的游戏
- 提出复杂的特殊疑问句：为什么、何时和如何
- 参加测验/完成复杂的谜题/玩益智问答游戏

- 讨论周末计划/旅行
- 谈论朋友
- 讨论人、物和地方之间的相似性
- 谈论喜欢和不喜欢的事情
- 讨论植物如何在自然界中生长
- 讨论水从哪里来
- 谈论事物（如冰箱、洗衣机等）如何工作
- 玩"西蒙说"的游戏（一种美国游戏）
- 谈论为什么吃、喝、睡很重要
- 介绍道德困境问题
- 举例说明冲突、拒绝、讽刺、欺骗等。
- 讨论观点如何/为何不同
- 示范/练习同理心、共情、冷漠，以及它们如何适用于各种情况
- 鼓励孩子与同龄人、兄弟姐妹和年龄稍大或者小一点的伙伴一起自由玩耍

家长笔记

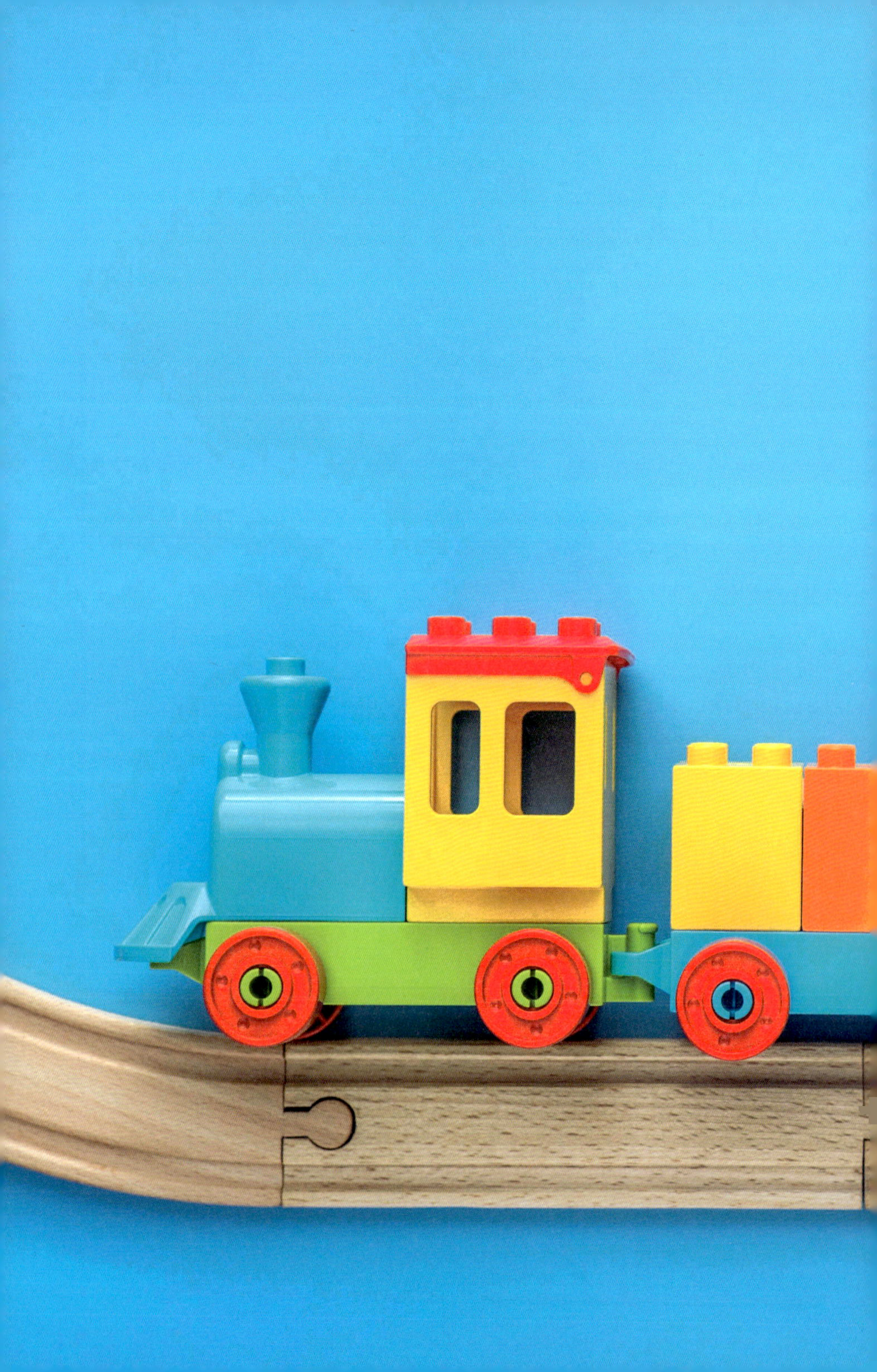

# 第四站　在家里执行 PLAY 游戏干预法

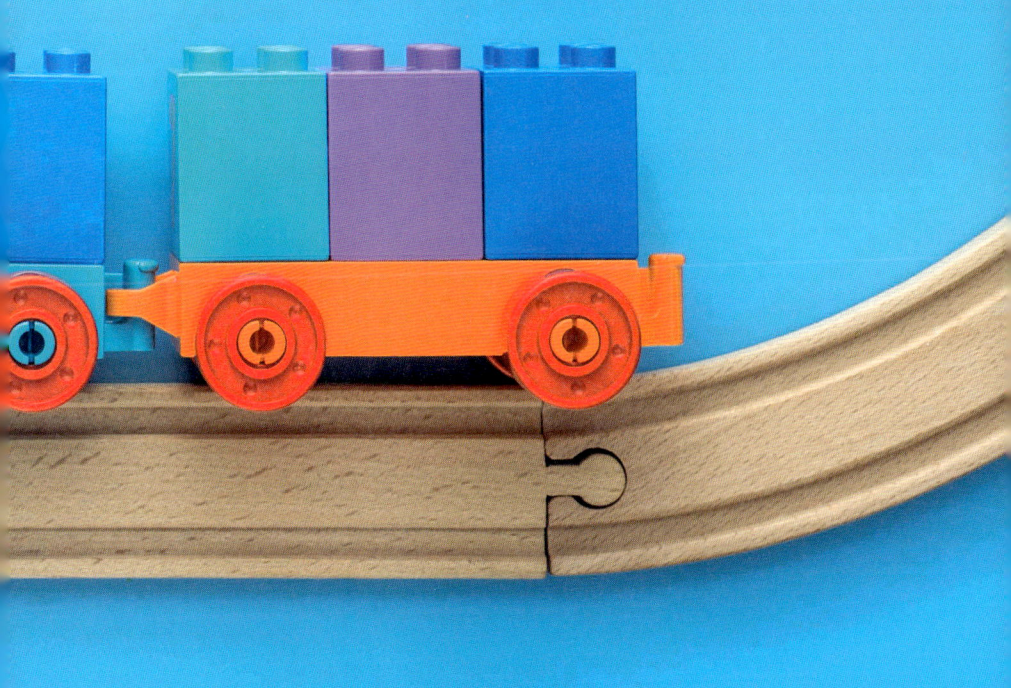

你就快到家了！经过前面几站，你已经了解了如何执行PLAY游戏干预法，包括其原则、策略、技术和活动等——现在是时候把这一切带回家了。在这一站，我们将简要介绍PLAY游戏干预法七大环节中的最后四个环节，包括环节4——家庭指导，环节5——参与（投入时间），环节6——访视回顾，以及环节7——改变和成长，即根据孩子的进步改变计划。

环节4：家庭指导

家长是自己孩子的专家，没有人比你更了解你的孩子。但是，如果你参加了PLAY游戏干预法，你的PLAY游戏干预法顾问将为你提供有关干预的专业知识，包括孩子的功能发展水平、舒适区活动以及感觉运动概况。你的PLAY游戏干预法顾问将帮助你提升专业知识，从而使你能够更好地支持你的孩子的发展。

孩子得到发展、取得进步是需要时间的，有些孩子比其他孩子进步得更快，就像那些神经发育正常的孩子一样。如果你和PLAY游戏干预法顾问一起工作，他将会指导你如何使用PLAY游戏干预法的原则和策略来与你的孩子一起玩耍。PLAY游戏干预法还会录制视频，为你做技术示范，给你提供书面反馈。无论你是与PLAY游戏干预法顾问合作还是自己学习PLAY游戏干预法，如果你遇到困难，下面的指导建议会对你有所帮助。

1. 直面你的感受

你可以诚实地审视一下自己对生活的感受，以及你是如何应对生活压力的。养育一个有特殊需求的孩子有时需要超人的精力和耐心。即使是那些看起来沉浸在自己世界里的孩子，也常常会捕捉到他们父母情绪状态的微妙线索。因此，当你遇到困难时，有必要向你周围的人寻求支持或通过社区资源寻求支持。

2. 与其他照顾者分享你对孩子的了解

与老师、保姆、祖父母和其他与孩子相处的人分享你对孩子的了解和你在家里所做的事情。想象一下，如果每个与你的孩子互动的人都了解孩子的功能发展水平和感觉运动概况，并能使用PLAY游戏干预法的技术和策略使每次互动都变得丰富，那么，你的孩子就可以在每天的每一次互动中接受干预。

3. 增加你与孩子互动的乐趣

我们"教"孩子的愿望和本能是自然产生的。让你的孩子与你和其他人建立一种有趣的人际关系比让他学会数数或辨认颜色要重要得多。这种专注于互动过程而不是教学结果的想法（PLAY游戏干预法并非教学），与我们所接受的关于如何成为好父母的许多教育理念是相悖的。家长必须重新训练自己，培养一套不同的技能，即如何建立一种人际关系，使孩子保持参与，并发起有意义的交流回合。一旦孩子达到了某些功能发展的里程碑，孩子就会在语言和学业方面得到发展，并取得进步。

4. 提升你的游戏技能

在正确的水平上玩耍对家长来说也可能会带来很多不适的情绪，例如，当你 4 岁的孩子想转动火车的轮子，而你却想让火车通过隧道和河流去冒险，这就让你们两个人都会感到不适。PLAY游戏干预法告诉家长，如果你和你的孩子一起，在孩子所处的位置（即正确的功能发展水平），做孩子喜欢做的事情（符合孩子的兴趣，而不是你的兴趣），你将能够吸引孩子与你进行互动，从而使双方都能获得满足感，同时也能促进孩子的适当发展。家长往往不太愿意陪孤独症孩子做孩子喜欢做的事情，但我们鼓励把重点放在通过加入孩子喜爱的玩耍中来增加交流回合的数量上。如果你的孩子喜欢旋转，那么你就把他抱起来旋转。如果你的孩子喜欢哼唱，那么你就和他一起哼唱。总之，就是要去获得更多的交流回合，并享受其中的乐趣！

环节 5：参与

家长花了多少时间执行 PLAY 游戏干预法，这一点很重要。在 PLAY 游戏干预法中，我们要求家长每天有意识地使用该模式至少 2 小时，可以将这 2 小时分解成更小的时间片段。许多家长认为，他们每天和孩子一起做日常活动，就已经投入了所需的时间。的确，如果他们在日常活动中也使用了 PLAY 游戏干预法的技术和活动的话，那么他们确实是投入了所需的时间了，

陪孩子做他喜欢做的事情

但是做日常活动和执行 PLAY 游戏干预法之间是有区别的。

- 当你和你的孩子一起游戏时，你是在用 PLAY 游戏干预法的策略和技术**吸引你的孩子参与互动**。
- 你是在**跟随孩子的引领**，并在互动的过程中想着如何增加交流回合的数量。你正在使互动变得有意义。从早到晚，每项日常活动都可以用来获得更多的交流回合和促进孩子成长。
- 通常，和很多家长一样，刚开始执行 PLAY 游戏干预法时，你可能会**写下自己执行每项活动花了多少时间**，以确保自己满足了有效互动的需要。一段时间后，你会发现，使用 PLAY 游戏干预法正是你与孩子相处的方式；让每一次互动都成为良好的互动，最终你对孩子的干预将会长久地持续下去！

> "让每一次互动都成为良好的互动！"

环节 6：访视回顾

视频技术是一种非常有效的学习工具。在 PLAY 游戏干预法中，PLAY 游戏干预法顾问会观看 15 分钟的视频，并撰写一份称为视频反馈表的报告，从而分析"互动过程"，即你在访视中是如何与孩子进行互动的。

请回顾视频和视频反馈表，它们将帮助你成为一名非常棒的游戏者，并将帮助你的孩子在发展的阶梯上前进。

家长通过观看视频，可以深入地了解自己。当你在观看视频的时候，问问你自己：我是否……

- 在以正确的节奏玩耍？
- 在跟随孩子的引领？
- 在正确的功能发展水平玩耍？
- 在使用有效的技术？
- 在吸引孩子并获得交流回合？
- 在以一种有趣的方式玩耍？

记住，要始终关注交流回合。建议家长以附录部分"PLAY游戏干预法清单：适用于处于功能发展水平1到3级的儿童"作为指南，这是一个很有用的清单，家长可以在PLAY游戏干预法顾问的帮助下使用这个清单。

环节 7：改变与成长

评估、学习、成长，然后再评估。PLAY游戏干预法的各个环节都强调了要不断对孩子进行评估并做出调整的必要性。很多事情都会影响到孩子一天的正常生活。孩子在学校的表现和在家里的表现是不同的，疾病和家庭压力都会对孩子造成影响。**当孩子取得进步时，通过了解孩子的独特情况，你可以开始用更高水平的技能激励孩子**。最为关键的是，要确保孩子有良好的自我调节能力，能够参与其中并获得乐趣。先迈出一小步，然后仔细观察孩子的反应。请记住，患有孤独症或发出了孤独症的危险信号的孩子喜欢让世界保持不变。如果我们也陷入他们的"千篇一律"之中，那么我们希望他们获得成长的迫切渴望就无法得到满足了。PLAY游戏干预法顾问每个月都会为你提供孩子的功能发展水平目标，你要回顾这些目标并始终专注于PLAY游戏干预法的战略方向，这可以帮助孩子发挥其全部潜能。

家长笔记

第五站　如何处理孩子的行为问题

> **"不当行为是合理情感的不成熟表达。"**

所有的行为都是一种沟通方式。有些行为是在传达一种信息（如孩子通过发脾气向你表明自己想要什么），而有些行为则是孩子内心情感的外在表现（如在派对上噪声太大时，孩子会选择封闭自己）。当孩子发脾气时，你可以通过你对孩子的感觉运动概况的了解来分析看待这种情况，这一点是很重要的。你的孩子是否受到了周围声音或景象的过度刺激？如有些孩子会因为头顶上的灯的嗡嗡声而感到烦躁不安，或是被你甚至都没有注意到的建筑物里的气味所刺激。孩子是否是在没有经过慢慢适应的情况下来到一个陌生的地方？考虑到孤独症孩子在可预测的日常生活中会感到更安全，因此让他提前为日常生活节奏的变化做好准备会帮助他成功地适应环境。因此，当你的孩子出现行为问题时，你自己要多想想，孩子是在表达内心的挣扎，还是在有意选择挑战极限。

本书可以帮助你更有效地判断和处理孩子的行为问题。对于孤独症谱系障碍孩子来说，当他开始挑战人际关系的界限时，这就说明他已经有进步了。家长可以认识到这是孩子社会性发展和情绪发展方面的一个非常积极的趋势。如何处理这种"挑战"，可能会很棘手，但也是非常重要的。当你能够意识到其中的行为有良好的行为，有不良的行为，也有任性的行为时，这个处理的过程就会变得更容易、更清晰。

良好的行为

良好的行为意味着遵循善良、乐于助人、友好和更成熟的社会行为规则（这也是家长对孩子设立行为规则的原因）。我们想要强化良好的行为，我们也希望看到更多这样的行为。当我们看到自己的孩子表现出受人欢迎、令人喜爱和令人愉快等行为时，我们要记住给予孩子表扬或抚摸孩子。我们可以说："宝贝，你太棒了！你能这么清楚地寻求帮助，真让妈妈开心。""哇！我要给你点赞，因为是你自己想出了办法。"对于那些有着发育障碍风险的孩子来说，良好的行为不仅仅是行为表现良好和遵守规则，最重要的是能够建立良好的人际关系。对于孩子做出的任何能与他人建立人际关系的行为（提出想法并分享想法、做出评论、邀请他人一起玩耍、产生眼神交流等），我们都应予以鼓励和强化。**记住要经常留意并强化孩子的良好行为。**

不良的行为

不良的行为是违反规则的行为。规则是由家长制定的。多数家庭都有一些重要的规则，这些规则有助于家庭成员友好相处（比如，不要做出有攻击性的行为或不要说刻薄的话），完

多表扬孩子，多抚摸孩子

成日常事务（比如，洗澡，准时上床睡觉，一家人一起吃饭）以及参与社会活动（比如，起床去上学）。总之，家长认定的规则就是要遵守的规则。

> **理查德博士的三大原则**
> 1. 不要有攻击性行为（打、咬、踢、对人刻薄等）。
> 2. 不要出于愤怒而扔东西或砸东西。
> 3. 不要忽视对方（当我和你说话时，请回应我，我也会这样对待你）。

作为家长，你会制定你认为必要的规则，并想要或愿意为此而进行"斗争"。重要的是，一旦你把某件事定为规则，你就必须始终如一地执行这一规则。因此，当你的孩子违反规则时，他就应该承受某种具有警醒意义的后果（他肯定也不喜欢这样的后果，因此也就不太可能会再次违反规则）。孩子承担的后果也必须是公正的，并且要和他犯错的程度相当。

这样做的目的不是为了惩罚孩子，而是为了管教孩子，并向孩子清楚地表明，这是他违反了一条重要的家庭规则而招致的后果。管教孩子意味着要教导孩子，你要告诉他规则是什么、遵守规则的原因以及违反规则的后果。同时，还需要理性地处理孩子那些违反规则的行为，而不应该带有愤怒或其他的情绪反应。通常情况下，马上让孩子看到违反规则的轻微后果，往往会比孩子多次违反规则后再告知他所造成的严重后果更有效。比如对打人或扔东西的处理通常是暂停活动、面壁反思。"因为你违反了规则，所以我要让你在那张椅子上静坐 3 分钟。"这种处理是有效的，因为孩子不喜欢静坐的处罚。当你限制孩子的行为时，你总会看到所谓的行为试探。意思就是在孩子遵守规则之前，孩子的不良行为会升级，其目的是试探规则设立者的底线。但只要规则设立者所给予的处理是一致的而且是有意义的，孩子就会知道不良的行为是不会被容忍的，孩子就会接受和遵守这个规则（这其中的可靠性大约为 80%）。

任性的行为

任性的行为既不是良好的行为，也不是不良的行为。大多数情况下，孩子会试图通过发牢骚、大喊大叫、发脾气或纠缠等任性的行为去得到自己想要的东西。"如果我哭哭啼啼，父母会让我吃奶嘴，即使我通常只有在晚上的时候才能吃奶嘴。""如果我不停哭闹，我就可以先吃冰淇淋，而不是先吃午饭。"对于这些任性的行为，家长要向孩子传达这样一个信息：抱怨和哭泣永远不会让你得到你想要的。所以，家长要忽略这些任性的行为或者尝试将它们转化成良好的行为。

如果你要将任性的行为转化为良好的行为，首先要处理的是任性行为背后的情绪。对于孤独症谱系障碍儿童，我们特别想要做的是把他们那些哼哼唧唧的不满变成对话，这是帮助他们克服沮丧和愤怒等情绪的重要一步。

这里举一个具体的例子，说明我们应该如何处理孩子因为不能吃鸡块而表现出沮丧情绪的情况。我们暂且称这个孩子为杰克。杰克刚刚得知不能再吃鸡块了，他表现得很生气。面对这种情况，我们建议你对杰克说："杰克，你生气了。你想要吃鸡块。"另一种方法是，当你说出杰克想说的话时，用相应的声音回应他的情绪，你可以用呜咽的声音说："我想吃鸡块！"有时候，孩子更容易接受这种方式。当杰克开始能够处理自己的沮丧情绪时，你可以加上"你生气了"这样的语言描述。所以最终，你要帮助孩子学会使用语言表达需求，而不是使用不当行为来表达需求，以此将孩子任性的行为转变为良好的行为。有时这是可行的,但有时杰克可能会继续抱怨。如果他还在抱怨，那你就忽略他(通常他还会走过来，哭哭啼啼地表示他想要什么，这时又会再次出现相似的情形，你可以试图引导他转向用对话的方式来表达需求)。

通常情况下还会出现的另外一种情况是，当孩子得不到自己想要的东西时，孩子的任性行为会升级为违反规则的不良行为(孩子会扔东西或打人)。当这种情况发生时，孩子就得承担不良行为的后果。所以，在这里重复一下上述的最基本的信息：**忽略任性的行为**。但你首先还是要试着解决任性行为背后的情绪问题。

欲获取更多的有关"良好的行为、不良的行为和任性的行为"的内容，以及如何让任性行为向良好行为转变等方面的指导，请在 PLAY 游戏干预法官网上获取更多信息。

家长笔记

附录

PLAY 游戏干预法清单：适用于处于功能发展水平 1 到 3 级的儿童

> 本清单旨在为参与 PLAY 游戏干预法的家长、其他家庭成员或提供 PLAY 游戏干预法服务的专业人员提供指导。下面的问题提供了一些提示和指导，能帮助家长在与处于功能发展水平 1 到 3 级的孩子玩耍时更好地记住一些要点。这些问题是基于 PLAY 游戏干预法的原则、策略和技术而提出的，鼓励家长更敏于观察孩子的需求，并最终创造出更有成效的交流回合。

功能发展水平 1：自我调节和共同注意

- 你的位置如何？和孩子在一起时，你是待在他孩子边还是待在地板上；你是面对着孩子还是跟着孩子在房间里走动？
- 你注意到孩子的注意力在哪里了吗？孩子在看什么？孩子关注的是什么？
- 你注意到孩子的意图了吗？孩子现在的兴趣是什么？

- 你能解读孩子的微妙暗示，从而了解孩子想要什么吗？你"读懂"孩子了吗？
- 当你的孩子表现出自己的意图时，你是否能积极地做出回应，鼓励你的孩子做自己想做的事？你能接受孩子的现状吗？
- 这是谁的玩法？是你的主意还是孩子的主意？
- 你在使用兔子洞技术吗？
- 你能定义交流的"回合"吗？开启一个回合、回应一个回合是什么意思？你知道怎么算回合数吗？
- 你们在一起玩得开心吗？

功能发展水平 2：参与和联系

- 你与孩子在正确的功能发展水平上玩耍吗？是否功能发展水平太高了（孩子不明白）？或是功能发展水平太低了（孩子没有参与感）？
- 你能通过跟随孩子的引领来吸引孩子参与互动吗？
- 你是否热情、活泼、滑稽和有趣？你会使用声音、手势和动作让互动变得有趣吗？
- 你是否使用了正确的感觉模式来吸引孩子？为了让孩子在活动中有更高的参与度，你可能需要改变感觉模式（即避免会对孩子的视觉系统造成干扰的活动）。
- 你们能完成 3～4 个交流回合吗？你知道怎么数交流

回合吗？

- 通过表现出戏剧性、滑稽、有趣、对孩子的兴趣敏感（你"出汗"了吗？家长/专业人员必须很费劲，即表现得"大汗淋漓"才能让孩子持续参与），你能够吸引孩子参与多久？
- 你们在一起玩得开心吗？

功能发展水平 3：简单的双向交流和目的性

- 你们能完成 6～10 个交流回合吗？
- 当你与孩子玩耍时，你是否在"关注交流回合"，并追求更长时间的互动？
- 谁在开启第一个交流回合？你会等待孩子主动开启交流回合吗？
- 你是否使用了"主题和变化"这一技术来创新你们的游戏方式？
- 你是否将词语与日常活动和有趣的事情联系起来？当你提到这些词语时，孩子是否能理解这些活动和事情？当你叫孩子的名字时，孩子是否会回应你？
- 你看到孩子有任何模仿行为吗？
- 你看到孩子有任何语言手势吗？比如表示想要更多的手势，挥手告别的手势，指向某处的手势？
- 你们在一起玩得开心吗？

关于 PLAY 游戏干预法的研究

Binns, A. V., & Cardy, J. O. (2019). Developmental social pragmatic interventions for preschoolers with autism spectrum disorder: A systematic review. *Autism & Developmental Language Impairments, 4*, Article 2396941518824497. https://doi.org/10.1177/2396941518824497

Espy-Scherwindt, M., Gothard, D., Buletko, B., Stoner, B., & McCauley, A.(2015). *Evaluation of the Ohio PLAY Project*.Ohio Department of Developmental Disabilities.https://www.playproject.org/assets/PLAYEvaluation-Final-Report.pdf

Mahoney, G., & Solomon, R. (2016). Mechanism of developmental change in the PLAY Project Home Consultation program: Evidence from a randomized control trial. *J Autism Dev Disord, 46*(5), 1860-1871. https://doi.org/10.1007/s10803-016-2720-x

Mahoney, G., & Solomon, R. (2020). Effects of parental depression symptoms on parents and children with autism spectrum disorder in the PLAY Project Home Consultation program. *International Journal of Early Childhood Special Education, 12*(1), 28-40.http://doi.org/10.20489/intjecse.722333

Solomon, R. (2018). Commentary: Evidence based interventions for children and adolescents with autism spectrum disorders. *Curr Probl Pediatr Adolesc Health Care, 48*(10), 267-269. https://doi.org/10.1016/j.cppeds.2018.08.017

Solomon, R. (2021). PLAY Project. In F.R. Volkmar(Ed.),*Encyclopedia of Autism Spectrum Disorders*(2nd Ed.,PP.3525-3531). Springer International Publishing.https://doi.org/10.1007/978-3-319-91280-6_102196

Solomon, R., Necheles, J., Ferch, C., & Bruckman, D. (2007). Pilot study of a parent training program for young children with autism: The PLAY Project Home Consultation program. *Autism, 11*(3), 205-224. https://doi.org/10.1177/1362361307076842

Solomon, R., Van Egeren, L. A., Mahoney, G., Quon Huber, M. S., & Zimmerman, P. (2014). PLAY Project Home Consultation intervention program for young children with autism spectrum disorders: A randomized controlled trial. *J Dev Behav Pediatr, 35*(8), 475-485. https://doi.org/10.1097/dbp.0000000000000096

关于以发展和人际关系为基础的父母实施模式的研究

Binns, A. V., & Cardy, J. O. (2019). Developmental social pragmatic interventions for preschoolers with autism spectrum disorder: A systematic review. *Autism & Developmental Language Impairments, 4*, Article 2396941518824497. https://doi.org/10.1177/2396941518824497

Division for Early Childhood (DEC). (2014). *DEC recommended practices in early intervention/early childhood special education.* https://edn.ne.gov/cms/sites/default/files/u1/pdf/DEC_RPs_%204-12-14R.pdf

Fein, D., Barton, M., Eigsti, I. M., Kelley, E., Naigles, L., Schultz, R. T., Stevens, M., Helt, M., Orinstein, A., Rosenthal, M., Troyb, E.,

& Tyson, K. (2013). Optimal outcome in individuals with a history of autism.*Journal of child psychology and psychiatry, and allied disciplines*, *54*(2), 195-205. https://doi.org/10.1111/jcpp.12037

Green, J., Charman, T., McConachie, H., Aldred, C., Slonims, V., Howlin, P., Le Couteur, A., Leadbitter, K., Hudry, K., Byford, S., Barrett, B., Temple, K., Macdonald, W., Pickles, A., & PACT Consortium.(2010). Parent-mediated communication-focused treatment in children with autism (PACT): A randomized controlled trial.*Lancet* , *375*(9732), 2152-2160. https://doi.org/10.1016/S0140-6736(10)60587-9

Greenspan, S. I., & Wieder, S. (1999). A functional developmental approach to autism spectrum disorders. *Journal of the Association for Persons with Severe Handicaps*, *24*(3), 147-161. https://doi.org/10.2511/rpsd.24.3.147

Hume, K., Steinbrenner, J. R., Odom, S. L., Morin, K. L., Nowell, S. W., Tomaszewski, B., Szendrey, S., McIntyre, N. S., Yücesoy-Özkan, S., & Savage, M. N. (2021). Evidence-Based practices for children, youth, and young adults with autism: Third generation review. *Journal of Autism and Developmental Disorders*,*51*(11), 4013-4032. https://doi.org/10.1007/s10803-020-04844-2

Lord, C., & McGee, J. P., (Eds.). (2001).*Educating children with autism.*

National Academies Press.https://doi.org/10.17226/10017

Mandell, D. S., Barry, C. L., Marcus, S. C., Xie, M., Shea, K., Mullan, K., & Epstein, A. J. (2016). Effects of autism spectrum disorder insurance mandates on the treated prevalence of autism spectrum disorder.*JAMA Pediatrics*,*170*(9), 887-893. https://doi.org/10.1001/jamapediatrics.2016.1049

Oono, I. P., Honey, E. J., & McConachie, H. (2013). Parent-mediated early intervention for young children with autism spectrum disorders (ASD).*The Cochrane Database of Systematic Reviews*, (4), Article CD009774. https://doi.org/10.1002/14651858.CD009774.pub2

Sandbank, M., Bottema-Beutel, K., Crowley, S., Cassidy, M., Dunham, K., Feldman, J. I., Crank, J., Albarran, S. A., Raj, S., Mahbub, P., & Woynaroski, T. G. (2020). Project AIM: Autism intervention meta-analysis for studies of young children.*Psychological Bulletin*,*146*(1), 1-29. https://doi.org/10.1037/bul0000215

Smith, T., & Iadarola, S. (2015). Evidence base update for autism spectrum disorder.*Journal of Clinical Child and Adolescent Psychology.44*(6), 897-922. https://doi.org/10.1080/15374416.2015.1077448

Solomon R. (2018). Commentary: Evidence based interventions for children and adolescents with autism spectrum disorders.*Current Problems in Pediatric and Adolescent Health Care,48*(10), 267-269. https://doi.org/10.1016/j.cppeds.2018.08.017

Solomon, R., Necheles, J., Ferch, C., & Bruckman, D. (2007). Pilot study of a parent training program for young children with autism: The PLAY Project Home Consultation program. *Autism, 11*(3), 205-224. https://doi.org/10.1177/1362361307076842

Solomon, R., Van Egeren, L. A., Mahoney, G., Quon Huber, M. S., & Zimmerman, P. (2014). PLAY Project Home Consultation intervention program for young children with autism spectrum disorders: A randomized controlled trial. *J Dev Behav Pediatr, 35*(8), 475-485. https://doi.org/10.1097/dbp.0000000000000096

后记

我想以一个希望和一个愿望来结束本书。

我的希望是，PLAY 游戏干预法的旅程已经帮助到并将继续帮助你与你的孩子一起快乐地玩耍，从而给你的孩子带来积极的改变，让孩子从专注于自我到更多地与人互动，从专注于事物到变得更有想象力，从不理解自己和他人的感受到与世界产生更多的情感联系。这种早期社会能力的基础将影响孩子情商（emotional quotient, EQ）和智商（intelligence quotient, IQ）的发展。

我的愿望是，你将继续乘坐 PLAY 游戏干预法的火车，并在你的孩子接下来的发展阶段继续使用其原则、策略、技术和活动。我学到了一个最基本的要点，那就是**我们不能绕过孩子的功能发展水平**。如果你想让你的孩子能够正常生活、具备完整的社会能力，你就必须帮助孩子扎实地获得每一级功能发展水平的能力，不能跳过任何一级功能发展水平。我知道这一点，是因为几十年来我持续关注了数千名儿童的生活，并对他们进行追踪研究直至他们进入青春期和成年早期。我看到了他们的未来，看到了进步是如何发生的。每个孩子都有一个明显的发展过程，而这一过程深受家庭早期行为的影响。

PLAY 游戏干预法的原则和策略不会只适用于 6 岁以下的孩子。如果我们能帮助孩子达到功能发展水平 4 的"转折点"；在孩子 5 岁之前达到功能发展水平 5；推迟 1 年上幼儿园，直到孩子达到功能发展水平 6；并在功能发展水平 6 上努力帮助孩子将两个想法有逻辑地联系起来（比如，你问孩子"口渴时你会做什么？"孩子能回答"喝水"），回忆刚刚发生的事情（比如，你问孩子"你今天早餐吃了什么？"孩子还能回忆起来），理解书中的故事情节（比如，你问孩子"这个故事是关于什么的？"孩子能告诉你关于故事的简介），那么未来就像是一本打开的书，孩子在学校的体验将会进一步促进他们的成长。

PLAY 游戏干预法重点关注孤独症孩子的功能发展水平，并以此为基础不断促进他们更高水平的功能发展，从而帮助他们充分发挥自身的潜能。最初，当我看到早期被诊断为重度孤独症的孩子从高中毕业并继续上大学时，我感到非常震惊。现在，我看到了这么多的大学毕业生，我再也不感到惊讶了。我看到这些青少年和年轻人变得有自我意识、有创造力和同理心。这些孩子的潜能令人震惊。所以，不要就此止步，坚持使用 PLAY 游戏干预法的策略来促进孩子的功能发展。一直到 20 多岁，孩子都能在功能发展上取得进步。我相信发展和学习永无止境，请乘坐这列火车到达最终目的地——让你的孩子充分发挥潜能。

在本书的最后，我强烈鼓励你继续前进，坚持相信你的孩子的发展历程，坚持相信你有能力改变你的孩子的生活。请继续与你的孩子一起**玩耍**！